Bezaubernde Strick- und Häkelideen für Babys & Kleinkinder

Weltbild

Liebe Leserin, lieber Leser,

in diesem Buch haben wir Ihnen eine breite Auswahl an süßen Strick- und Häkelmodellen für Babys und Kleinkinder zusammengestellt – vom schicken Poncho, über das niedliche Kuscheltier bis hin zur praktischen Wickeltasche. Die Anleitungen sind leicht umzusetzen, so dass auch Anfänger die gezeigten Modelle einfach nacharbeiten können. Außerdem befindet sich am Ende des Buches jeweils ein Grundkurs zum Stricken und Häkeln, der die notwendigen Grundlagen vermittelt und Ihre Kenntnisse wieder auffrischt.

Wir wünschen Ihnen viel Spaß beim Umsetzen dieser zauberhaften Accessoires und Kleidungsstücke!

Ihre Redaktion

Inhalt

Kuschelzeit

Tunika mit Leggings • Größe: 56 – 62 (68 – 74) 80 – 86 • Schnittzeichnungen auf Seite 84

Material

- 100 (150) 150 g Nussbraun und 50 (50) 100 g Natur (100% Schurwolle Merino extrafein, Lauflänge 220 m/50 g)
- für die Tunika: 3 kleine Knöpfe in Natur
- für die Leggings: weiches Gummiband (1 cm breit) in Taillenweite
- 1 Paar Stricknadel Nr. 3, eine kurze Rundstricknadel Nr. 3, eine Häkelnadel Nr. 2,5

Glatt rechts: Hin-Reihen rechte Maschen, Rück-Reihen linke Maschen; in Runden stets rechte Maschen stricken

Glatt links: Hin-Reihen linke Maschen, Rück-Reihen rechte Maschen; in Runden stets linke Maschen stricken

Bundmuster: 1 Masche glatt rechts und 1 Masche glatt links im Wechsel stricken

Streifenfolge: Stets 2 Reihen in Natur und 2 Reihen in Nussbraun im Wechsel stricken

Maschenprobe: Glatt rechts und im Bundmuster sind 26 Maschen und 39 Reihen = 10 x 10 cm.

So wird's gemacht

Die abweichenden Angaben der größeren Größen stehen in bzw. hinter den Klammern.

Tunika:

Rückenteil: 76 (84) 92 Maschen in Nussbraun anschlagen und 1 cm im Bundmuster stricken, dabei in der letzten Reihe 1 Masche zunehmen. Weiter zwischen den Rand-Maschen in der Streifenfolge glatt rechts stricken, dabei für die Seitenschräge beidseitig in jeder 18. (20.) 22. Reihe 3 x 1 Masche abnehmen. 17,5 (20,5) 23,5 cm ab Bund in der letzten Rück-Reihe gleichmäßig verteilt 16 M abnehmen = 55 (63) 71 Maschen. Weiter zwischen den Rand-Maschen in der Streifenfolge im Bundmuster stricken, dabei für die Armausschnitte beidseitig in der 1. Reihe 1 x 3 Maschen, dann in jeder 2. Reihe 1 x 2 Maschen und 2 x 1 Masche und anschließend in der 4. Reihe 1 x 1 Masche abketten.

Gleichzeitig 1 cm ab Armausschnittbeginn für den Schlitz die Mittel-Masche abketten. Die Seiten getrennt beenden. 8 (9,5) 11 cm ab Armausschnittbeginn für den Halsausschnitt am inneren Rand 1 x 11 (12) 14 Maschen abketten. 8,5 (10) 11,5 cm ab Armausschnittbeginn die restlichen Schulter-Maschen gerade abketten.

Vorderteil: Ebenso stricken, jedoch ohne Schlitz und mit tieferem Halsausschnitt. Dafür 4,5 (6) 7,5 cm ab Armausschnittbeginn die mittleren 9 (11) 15 Maschen abketten. Die Schultern getrennt beenden, dabei am Ausschnittrand in jeder 2. Reihe 1 x 3 Maschen, 1 x 2 Maschen und 2 x 1 Masche abketten. In Rückenteilhöhe die restlichen Schulter-Maschen gerade abketten.

Ärmel: Je 42 (46) 48 Maschen in Nussbraun anschlagen und 1 cm im Bundmuster stricken, dabei in der letzten Reihe 1 (0) 1 Masche zunehmen. Weiter zwischen den Rand-Maschen in der Streifenfolge glatt rechts stricken.

Gleichzeitig ab Bund für die Armkugel beidseitig 1 x 3 Maschen, dann in jeder 2. Reihe 1 x 2 Maschen, 1 (2) 2 x 1 Masche, anschließend in der 4. Reihe 1 x 1 Masche, dann in der 6. Reihe 1 x 1 Masche und zum Schluss in der 8. Reihe 1 x 1 Masche abketten. 6 (6,5) 6,5 cm ab Bund die restlichen Maschen abketten.

Fertigstellung: Die Teile leicht anfeuchten und laut der im Schnitt stehenden Maße spannen und trocknen lassen. Die Schulternähte schließen. Die Ärmel einnähen, so dass die Ärmelmitte an der Schulternaht liegt, dabei die Armkugeln zuvor gleichmäßig auf die Weite des Armausschnittes einkräuseln. Die Seiten- und Ärmelnähte schließen. Aus dem Halsausschnitt mit der Rundstricknadel 55 (61) 67 Maschen in Nussbraun aufnehmen und 1 cm im Bundmuster stricken. Die Maschen abketten. Die rückwärtigen Schlitzkanten mit 1 Reihe fester Maschen in Nussbraun umhäkeln, dabei an der rechten Schlitzkante in der Höhe gleichmäßig verteilt 3 Knopfloch-Ösen aus je 5 Luftmaschen einarbeiten. Die Knöpfe annähen. Zum Schluss alle Nähte leicht ausdämpfen.

Leggings:

Rechtes Hosenbein: 36 (42) 48 Maschen in Nussbraun anschlagen und 1,5 cm im Bundmuster stricken. Weiter zwischen den Rand-Maschen glatt rechts stricken, dabei für die Beinschrägen beidseitig in jeder 8. Reihe 0 (3) 6 x 1 Masche, dann in jeder 6. Reihe 8 (6) 4 x 1 Masche zunehmen. 14 (17) 20 cm ab Bund die Maschen stilllegen.

Linkes Hosenbein: Ebenso stricken.

Hose: Das rechte und linke Hosenbein auf die Rundstricknadel nehmen und zwischen den Beinen für den Schritt 2 x je 8 Maschen neu anschlagen = 120 (136) 152 Maschen. Weiter in Runden glatt rechts fortfahren, dabei die Abnahmen für den Zwickel über den 2 x je 8 Schritt-Maschen wie folgt arbeiten: die Masche vor der 1. Schritt-Masche abheben, die 1. Schritt-Masche rechts stricken und die abgehobene Masche überziehen, die letzte Schritt-Masche mit der folgenden Masche rechts zusammen stricken. Diese Abnahmen in jeder 2. Runde noch 3 x wiederholen, so dass alle Schritt-Maschen wieder abgenommen sind. Folgend für die Seitenschräge an beiden Seiten in jeder 8. (10.) 12. Runde 3 x 1 Masche abnehmen. 10 (12) 14 cm ab Schrittbeginn weiter in verkürzten Reihen stricken. Dafür die 49 (57) 65 Maschen des Vorderteils stilllegen und über den 49 (57) 65 Maschen des Rückenteils weiter in Reihen glatt rechts stricken, dabei beidseitig in jeder 2. Reihe 3 x 3 (4) 5 Maschen stilllegen und die Reihe stets mit 1 Umschlag wenden. 12 (14) 16 cm ab Schrittbeginn weiter über alle Maschen des Rücken- und Vorderteils in Runden im Bundmuster stricken, dabei in der 1. Runde die Umschläge mit der Masche davor bzw. danach mustergemäß zusammen stricken, damit keine Löcher entstehen. Nach 2 cm Bundmuster 1 Runde linke Maschen und für die Blende noch einmal 2 cm im Bundmuster stricken. Die Maschen abketten.

Fertigstellung: Den Schritt und die inneren Beinnähte schließen. Die Taillenblende nach innen umschlagen und annähen, dabei eine kleine Öffnung lassen. Das Gummiband einziehen. Zum Schluss alle Nähte leicht ausdämpfen.

Dinos im Miniformat

Mützen • Größe 1: 46–48 cm Kopfumfang, Größe 2: 49–51 cm Kopfumfang

Material

- Merinowollgarn (100 % Merino-Schurwolle, LL 95 m/25 g): je 50 g Grünblau und Blau
- Baumwollgarn (100 % Baumwolle, LL 150 m/50 g): je 50 g Orange und Olivgrün
- Häkelnadeln Nr. 3 und Nr. 3,5
- evtl. Elastikfaden

Grundmuster: Stets hStb häkeln, es wird in Rd gehäkelt, jede Rd mit 2 Wende-Lftm als Ersatz für das 1. hStb beginnen und die Rd mit 1 Kettm in die 2. Lftm der Vor-Rd schließen.

Maschenprobe: 18 hStb und 15 R = 10 x 10 cm

So wird's gemacht

Die Farbvariante ist in Klammern angegeben.

Mütze Größe 1: 2 Lftm in Grünblau (Blau) mit Nadel Nr. 3,5 anschlagen.

1. Runde: 12 fM in die 2. Lftm von der Nadel aus (= 12 M).

In hStb weiterhäkeln:

2. Runde: Jede M verdoppeln, d. h.: 2 hStb in jede fM der Vor-Rd häkeln (= 24 hStb).

3. Runde: Jedes 2. hStb verdoppeln (= 36 hStb).

4. Runde: Jedes 6. hStb verdoppeln (= 42 hStb).

5. Runde: Jedes 7. hStb verdoppeln (= 48 hStb).

6. Runde: Jedes 8. hStb verdoppeln (= 54 hStb).

7. Runde: Jedes 9. hStb verdoppeln (= 60 hStb).

8. Runde: Jedes 10. hStb verdoppeln (= 66 hStb).

9. Runde: Jedes 11. hStb verdoppeln (= 72 hStb).

10.–20. Runde: 1 hStb in jedes hStb.

Mütze Größe 2:

1.–9. Runde: Wie Größe 1.

10. Runde: Jedes 12. hStb verdoppeln (= 78 hStb).

11.–22. Runde: 1 hStb in jedes hStb.

Mützenrand: Zu Blau (Grünblau) wechseln:

1. Runde: 1 fM in jedes hStb (= 72 fM in Größe 1; 78 fM in Größe 2).

2.–4. Runde: 1 fM in jede fM, dabei nur in das hintere M-Glied stechen. Faden abschneiden.

Dino: Stets fM häkeln, jede Reihe mit 1 Wende-Lftm beginnen, 1 fM in jede fM der Vor-R arbeiten. 2 Lftm in Orange (Oliv) mit Nadel Nr. 3 anschlagen.

1. Reihe: 1 fM in die 2. Lftm von der Nadel aus (= 1 M).

2. Reihe: 2 fM in die 1. M der Vor-R (= 2 M).

3. Reihe: 1 fM in jede M.

4. Reihe: 2 fM in die 1. M der Vor-R, 1 fM (= 3 M).

5.–7. Reihe: 1 fM in jede M.

8. Reihe: 2 fM in die 1. M der Vor-R, 2 fM (= 4 M).

9. Reihe: 1 fM in jede M.

10. Reihe: 2 fM in die 1. M der Vor-R, 3 fM (= 5 M).

11. Reihe: 1 fM in jede M.

12. Reihe: 2 fM in die 1. M der Vor-R, 4 fM (= 6 M).

13. Reihe: 4 fM, je 2 fM in die letzten 2 M der Vor-R (= 8 M).

14. Reihe: 2 fM in die 1. M der Vor-R, 7fM (= 9 M).

15. Reihe: 8 fM, 2 fM in die letzte M der Vor-R (= 10 M).

16. Reihe: 2 fM in die 1. M der Vor-R, 8 fM, 2 fM in die letzte M der Vor-R (= 12 M).

17. Reihe: 11 fM, 2 fM in die letzte M der Vor-R (= 13 M).

18. Reihe: 1 fM in jede M.

Nur Hinterbein:

19. Reihe: Je 1 fM in die folgenden 2 M, wenden, die restlichen 11 M unbehäkelt lassen (= 2 M).

20.–22. Reihe: 1 fM in jede M.

Faden abschneiden.

Vorderbein und Kopf: In der 19. R 2 M der Vor-R übergehen, neu anschlingen.

19. Reihe: 8 fM, 2 fM in die letzte M der Vor-R (= 10 M).

20. Reihe: 1 fM in jede M.

Nur Vorderbein:

20. Reihe: 1 fM in die folgenden 2 M, wenden, die restlichen 8 M unbehäkelt lassen (= 2 M).

21.–22. Reihe: 1 fM in jede M.

Faden abschneiden.

Nur Kopf: In der 21. R 3 M der Vor-R übergehen, neu anschlingen.

21. Reihe: 1 fM in jede M (= 5 M).

22.–23. Reihe: 1 fM in jede M.

24. Reihe: Die 1. und 2. M zusammen abmaschen, 3 fM (= 4 M).

25. Reihe: 2 fM, die letzten 2 M zusammen abmaschen (= 3 M).

Den Dino mit fM umhäkeln. Am Kopf in Oliv (Orange) neu anschlingen. 4 Lftm häkeln, 1 fM, * 3 Lftm, 1 fM, ab * stets wiederholen bis Schwanzende. Faden abschneiden.

Fertigstellung: Dino auf die Mütze nähen. Fäden vernähen. Sollte die Mütze etwas zu weit sein, am unteren Rand einen Elastikfaden einziehen.

Lustig in Gestreift

Jacke • Größe: 62/68 (74/80) 86/92 • Schnittzeichnungen auf Seite 84

Material

- 100 (100) 150 g Graumeliert, 100 (100) 150 g Weiß und 50 (50) 50 g Royal (Merinomix, 51% Schurwolle, 49% Polyacryl, Lauflänge 100 m/50 g).
- Stricknadeln Nr. 4 und 5
- 5 Knöpfe in Dunkelblau

Bundmuster: 2 Maschen rechts, 2 Maschen links im Wechsel mit Royal und Nadelstärke Nr. 4

Grundmuster: (Maschenprobe 18 Maschen und 26 Reihen = 10 x 10 cm) glatt rechts (Hinreihen rechte Maschen, Rückreihen linke Maschen stricken) mit Nadelstärke Nr. 5

Farbfolge: 10 Reihen graumeliert, 10 Reihen weiß im Wechsel

So wird's gemacht

Für Größe 62/68 = Zahlen vor der Klammer, für Größe 74/80 = Zahlen in der Klammer, für Größe 86/92 = Zahlen hinter der Klammer. Ist nur eine Angabe gemacht, so gilt diese für alle Größen.

Rückenteil: 54 (62) 70 Maschen mit royal und Nadelstärke Nr. 4 anschlagen. Im Bundmuster arbeiten.

Nach 4 cm ab Anschlag weiter mit Nadelstärke Nr. 5 im Grundmuster nach Farbfolge arbeiten, dabei in der 1. Reihe verteilt 2 Maschen zunehmen = 56 (64) 72 Maschen.

Nach 30 (35) 40 cm ab Anschlag die Maschen abketten.

Linkes Vorderteil: 26 (30) 34 Maschen mit royal u. Nadelstärke Nr. 4 anschlagen. Im Bundmuster arbeiten.

Nach 4 cm ab Anschlag weiter mit Nadelstärke Nr. 5 im Grundmuster nach Farbfolge arbeiten.

Für den Halsausschnitt nach 26 (31) 36 cm ab Anschlag am linken Arbeitsrand 2 (4) 6 Maschen abketten und in jeder folgenden 2. Reihe noch 1 x 2 Maschen und 4 x 1 Masche abketten. Nach 30 (35) 40 cm ab Anschlag die restlichen 18 (20) 22 Maschen für die Schulter abketten.

Rechtes Vorderteil: 26 (30) 34 Maschen mit royal und Nadelstärke Nr. 4 anschlagen. Im Bundmuster arbeiten.

Nach 4 cm ab Anschlag weiter mit Nadelstärke Nr. 5 im Grundmuster nach Farbfolge arbeiten.

Für den Halsausschnitt nach 26 (31) 36 cm ab Anschlag am rechten Arbeitsrand 2 (4) 6 Maschen abketten und in jeder folgenden 2. Reihe noch 1 x 2 Maschen und 4 x 1 Masche abketten. Nach 30 (35) 40 cm ab Anschlag die restlichen 18 (20) 22 Maschen für die Schulter abketten.

Ärmel: 30 (34) 38 Maschen mit royal u. Nadelstärke Nr.4 anschlagen. Im Bundmuster arbeiten. Nach 4 cm ab Anschlag weiter mit Nadelstärke Nr. 5 im Grundmuster nach Farbfolge arbeiten. Für die seitliche Ärmelschrägung in jeder folgenden 6. Reihe ab Bund beidseitig 2 (3) 4 x 1 Masche und in jeder folgenden 4. Reihe noch beidseitig 3 (4) 5 x 1 Masche zunehmen = 40 (48) 56 Maschen

Nach 15 (18) 21 cm ab Anschlag die Maschen stilllegen. Den zweiten Ärmel ebenso arbeiten.

Fertigstellung: Teile laut Schnitt spannen, anfeuchten und trocknen lassen. Schulternähte schließen. Die offenen Maschen der Ärmel an den Kanten von Vorder- und Rückenteil feststecken und aufsteppen. Seiten- u. Ärmelnähte in einem Stück im Matratzenstich schließen.

Für die **Halsblende** aus dem Halsausschnitt verteilt 46 (50) 54 Maschen mit royal u. Nadelstärke Nr. 4 aufnehmen und 2 cm im Bundmuster arbeiten. Maschen im Maschen-Rhythmus abketten.

Für die **vordere Blende** aus den vorderen Kanten und der schmalen Kante der Halsblende je 56 (64) 72 Maschen mit royal u. Nadelstärke Nr. 4 aufnehmen und im Bundmuster arbeiten, dabei bei der linken Blende nach 1,5 cm 5 Knopflöcher einarbeiten wie folgt: 3 Maschen stricken, * 2 M zusammen stricken, 1 Umschlag, 10 (12) 14 Maschen stricken, ab * 4 x arbeiten, 2 Maschen zusammen stricken, 1 Umschlag, 3 Maschen stricken. Nach 3 cm im Bundmuster die Maschen im Maschen-Rhythmus abketten.

Klein, aber fein!

Babyschuhe • Größe: Sohlenlänge 8 cm (etwa 3–6 Monate)

Material

- Merinowollgarn (100 % Merino-Schurwolle, LL 95 m/25 g): je 50 g in Blau und Hellgrün bzw. Flieder und Hellgelb
- Häkelnadel Nr. 3
- Schleifen- oder Satinband in Gelb mit Punkten bzw. in Grün kariert, je 90 cm

Grundmuster: Stb häkeln. In Rd das 1. Stb in jeder Rd durch 3 Lftm ersetzen und die Rd mit 1 Kettm in die oberste Lftm der Vor-Rd schließen. In R jede R mit 3 Wende-Lftm als Ersatz für das 1. Stb beginnen und das letzte Stb in die oberste Wende-Lftm arbeiten.

Maschenprobe: 20 Stb und 12 R = 10 x 10 cm

So wird's gemacht

Die beiden Paare Babyschuhe werden auf die gleiche Weise gefertigt, die Farbvariante ist jeweils in Klammern angegeben.

Sohle: 13 Lftm in Hellgrün (Hellgelb) mit Nadel Nr. 3 anschlagen.

1. Runde: 2 Stb in die 4. Lftm von der Nadel aus, 8 Stb, 5 Stb in die nächste Lftm (nicht wenden, sondern um die Lftm weiterhäkeln), 8 Stb, 2 Stb in die letzte Lftm (= 26 Stb).

2. Runde: 3 Lftm (als Ersatz für das 1. Stb), 1 Stb in das 1. Stb der Vor-Rd, je 2 Stb in die folgenden 2 Stb, 8 Stb, je 2 Stb in die folgenden 5 Stb, 8 Stb, je 2 Stb in die folgenden 2 Stb (= 36 Stb).

3. Runde: 3 Lftm (als Ersatz für das 1. Stb), 1 Stb in das 1. Stb der Vor-Rd, je 2 Stb in die folgenden 3 Stb, 11 Stb, je 2 Stb in die folgenden 7 Stb, 11 Stb, je 2 Stb in die folgenden 3 Stb (= 50 Stb).

Seiten: Farbwechsel zu Blau (Flieder).

4. Runde: 1 Stb in jede M, dabei nur in das hintere M-Glied einstechen.

5.–7. Runde: 1 Stb in jede M. Dann den Faden abschneiden.

Rist (vordere Lasche): Jede R mit 3 Wende-Lftm als Ersatz für das 1. Stb beginnen, 1 Stb in jedes Stb der Vor-R häkeln, das letzte Stb in die oberste Wende-Lftm arbeiten.

14 Stb unbehäkelt lassen, in Hellgrün (Hellgelb) neu anschlingen und über die vordere Mitte weiterarbeiten.

1. Reihe: 3 Lftm (als Ersatz für das 1. Stb), 10 Stb (= 11 Stb).

2.–5. Reihe: 1 Stb in jede M.

Den Rist (vordere Lasche) an die Seitenteile des Schuhes nähen. Faden abschneiden.

Hintere Schuhhälfte: Neu anschlingen in Blau (Flieder) und über die hintere Mitte verteilt weiterarbeiten:

1. Reihe: 3 Lftm (als Ersatz für das 1. Stb), 10 Stb (= 11 Stb).

2. Reihe: 1 Stb in jede M.

3. Reihe: 3 Lftm (als Ersatz für das 1. Stb), 1 Stb, 1 Lftm, 1 Stb der Vor-R übergehen, 5 Stb, 1 Lftm, 1 Stb der Vor-R übergehen, 2 Stb (= 11 M).

Die Schuhkanten mit fM umhäkeln. Faden abschneiden.

Fertigstellung: Das Band jeweils in der Mitte durchschneiden und beide Bänder jeweils durch die Löcher der hinteren Schuhhälfte fädeln. Fäden vernähen.

Wenn das Sandmännchen kommt

Schlaf- und Strampelsack • Größe: 50/56

Material

- Merinowollgarn (100 % Merino-Schurwolle, LL 95 m/25 g): 200 g Flieder
- Baumwollgarn (100 % Baumwolle, LL 150 m/50 g): je 50 g Orange und Grün, wenig Rot, Weiß und Schwarz
- Häkelnadeln Nr. 3,5 und Nr. 3
- Gummiband, 2 cm breit

Grundmuster: Stets hStb häkeln, jede R mit 2 Wende-Lftm als Ersatz für das 1. hStb beginnen, 1 hStb in jedes hStb der Vor-R häkeln und dabei nur in das hintere M-Glied einstechen, das letzte hStb in die oberste Wende-Lftm arbeiten.
Maschenprobe mit Merinowollgarn und Nadel Nr. 3,5: 19 hStb und 16 R = 10 x 10 cm

So wird's gemacht

Rückenteil: 72 Lftm in Flieder mit Nadel Nr. 3,5 anschlagen.
1. Reihe: 1 hStb in die 3. Lftm von der Nadel aus, 1 hStb in jede folgende Lftm (= 70 hStb).
2.–45. Reihe: 1 hStb in jedes hStb, dabei nur in das hintere M-Glied häkeln. Faden abschneiden.
Vorderteil: Wie das Rückenteil häkeln.
Vorder- und Rückenteil rechts auf rechts legen. Die beiden längeren und eine kurze Seite schließen.
Bündchen: Stets fM häkeln, dabei nur in das hintere M-Glied einstechen. In Spiral-Rd häkeln, den Rd-Anfang mit einem Kontrastfaden markieren. An der offenen kurzen Seite neu anschlingen.
1. Runde: Rundum 90 fM häkeln.
2. Runde: 1 fM in jede M, dabei nur in das hintere M-Glied häkeln (= 90 M).
3. Runde: fM arbeiten, jede 17. und 18. M zusammen abmaschen (= 85 M).
4. Runde: fM arbeiten, jede 16. und 17. M zusammen abmaschen (= 80 M).
5. Runde: fM arbeiten, jede 15. und 16. M zusammen abmaschen (= 75 M).
6. Runde: fM arbeiten, jede 14. und 15. M zusammen abmaschen (= 70 M).
7.–9. Runde: 1 fM in jede M.
10. Runde: Jede 14. M verdoppeln, d. h.: 2 fM in jede fM der Vor-Rd häkeln (= 75 M).
11. Runde: Jede 15. M verdoppeln (= 80 M).
12. Runde: Jede 16. M verdoppeln (= 85 M).
13. Runde: Jede 17. M verdoppeln (= 90 M).
14. Runde: 1 fM in jedes folg. M (= 90 M). Faden abschneiden.
Eule: Stets fM häkeln, jede R mit 1 Wende-Lftm beginnen, 1 fM in jede fM der Vor-R.
9 Lftm in Orange mit Nadel Nr. 3 anschlagen.
1. Reihe: 1 fM in die 2. Lftm von der Nadel aus, 1 fM in jede Lftm (= 8 M).
2. Reihe: 2 fM in die 1. M der Vor-R, 6 fM, 2 fM in die letzte M der Vor-R (= 10 M).
3. Reihe: 2 fM in die 1. M der Vor-R, 8 fM, 2 fM in die letzte M der Vor-R (= 12 M).
4. Reihe: 2 fM in die 1. M der Vor-R, 10 fM, 2 fM in die letzte M der Vor-R (= 14 M).
5.–19. Reihe: 1 fM in jede M.
Für ein Ohr wie folgt weiterarbeiten:
20. Reihe: 3 fM, wenden, die restlichen 11 M unbehäkelt lassen (= 3 M).
21. Reihe: 2 fM zusammen abmaschen, 1 fM (= 2 M).
22. Reihe: Die restlichen 2 fM zusammen abmaschen.
Die 4.–11. M aus der 19. R unbehäkelt lassen. Für das zweite Ohr neu anschlingen und die 20.–22. R. gegengleich wiederholen. Faden abschneiden.
Für den Bauch 5 Lftm in Grün anschlagen.
1. Reihe: 1 fM in die 2. Lftm von der Nadel aus, 1 fM in jede Lftm (= 4 M).
2. Reihe: 2 fM in die 1. M der Vor-R, 2 fM, 2 fM in die letzte M der Vor-R (= 6 M).
3. Reihe: 2 fM in die 1. M der Vor-R, 4 fM, 2 fM in die letzte M der Vor-R (= 8 M).
4.–9. Reihe: 1 fM in jede M. Faden abschneiden.
Auge (2-mal): 2 Lftm in Schwarz anschlagen.
1. Runde: 5 fM in die 2. Lftm von der Nadel aus (= 5 M).
Zu Weiß wechseln:
2. Runde: Jede M verdoppeln (= 10 M). Faden abschneiden.
Schnabel: 4 Lftm in Rot anschlagen.
1. Reihe: 1 fM in die 2. Lftm von der Nadel aus, 1 fM in jede Lftm (= 3 M).
2. Reihe: Die 3 M zusammen abmaschen. Faden abschneiden.
Flügel (2-mal): An einer Seite der Eule in Grün neu anschlingen.
1. Reihe: 8 fM häkeln.
2. Reihe: Keine Wende-Lftm, 1 Stb, 1 Kettm, 1 Stb, 1 Kettm, 1 Stb, 1 Kettm, 1 Stb, 1 Kettm. Faden abschneiden.
Fertigstellung: Bauch, Augen und Schnabel auf die Eule nähen. Eule auf den Schlafsack nähen. Bündchen zur Hälfte nach innen umschlagen und unten knappkantig festnähen, dabei ca. 2 cm offen lassen und das Gummiband einziehen (Länge am Baby abmessen).

Ganz fix angezogen

Poncho • Größe: 86

Material

- Merinowollgarn (100 % Merino-Schurwolle, LL 95 m/25 g): je 50 g Grünblau, Hellgrün und Orange
- Häkelnadel Nr. 3,5
- 2 Holzperlen in Orange, Ø 12 mm

Grundmuster: Stb häkeln, jede R mit 3 Wende-Lftm als Ersatz für das 1. Stb beginnen und das letzte Stb in die oberste Wende-Lftm arbeiten.

1 M zunehmen:

Am R-Anfang: 3 Lftm als Ersatz für das 1. Stb, 2 Stb in die folgende M.

Am R-Ende: 2 Stb in die folgende M, 1 Stb in die oberste Wende-Lftm der Vor-R.

1 M abnehmen:

Am R-Anfang: 3 Lftm als Ersatz für das 1. Stb, und 2 Stb zusammen abmaschen.

Am R-Ende: 2 Stb zusammen abmaschen, 1 Stb in die oberste Wende-Lftm der Vor-R.

Maschenprobe: 20 Stb und 12 R = 10 x 10 cm

So wird's gemacht

Rückenteil: 58 Lftm in Hellgrün anschlagen.

1. Reihe: 1 Stb in die 4. Lftm von der Nadel aus, 1 Stb in jede Lftm (= 56 Stb).

2.–4. Reihe: Beidseitig für die Schrägung je 1 M zunehmen (= 62 Stb).

5.–41. Reihe: 1 Stb in jedes Stb (= 62 Stb).

Vorderteil: 58 Lftm in Hellgrün anschlagen.

1.–36. Reihe: Wie das Rückenteil arbeiten.

Für die linke Schulter die mittleren 10 Stb unbehäkelt lassen.

37. Reihe: 1 Stb in jedes Stb (= 26 Stb).

38. Reihe: An der Halsausschnittkante 4 M abnehmen (= 22 Stb).

39.–40. Reihe: An der Halsausschnittkante je 2 M abnehmen (= 18 Stb).

41. Reihe: An der Halsausschnittkante 1 M abnehmen (= 17 Stb).

Faden abschneiden.

Die rechte Schulter wie die linke Schulter arbeiten.

Tasche: 37 Lftm in Grünblau anschlagen.

1. Reihe: 1 Stb in die 4. Lftm von der Nadel aus, 1 Stb in jede Lftm (= 35 Stb).

2.–13. Reihe: 1 Stb in jedes Stb (= 35 Stb).

Faden abschneiden.

Punkt (5-mal): 2 Lftm in Hellorange mit Nadel Nr. 3,5 anschlagen.

1. Runde: 10 fM in die 2. Lftm von der Nadel aus häkeln (= 10 M).

2. Runde: Jede M verdoppeln (= 20 M).

Riemchen (2-mal): Beidseitig am Rückenteil in 18 cm Höhe ab Anschlag anschlingen.

1. Reihe: 1 fM in jede M (= 6 M).

2.–10. Reihe: 1 Wende-Lftm, 6 fM (= 6 M).

11. Reihe: 1 Wende-Lftm, 2 fM, 2 Lftm, 2 fM übergehen (= Knopfloch), 2 fM (= 6 M).

12. Reihe: 1 Wende-Lftm, 2 fM zusammen abmaschen, 2 fM, 2 fM zusammen abmaschen (= 4 M).

13. Reihe: 1 Wende-Lftm, 2-mal 2 fM zusammen abmaschen (= 2 M).

14. Reihe: 1 Wende-Lftm, 2 fM zusammen abmaschen.

Faden abschneiden.

Fertigstellung: Poncho und Halsausschnitt in Hellorange mit fM umhäkeln. Punkte auf die Tasche nähen. Die Tasche auf das Vorderteil (in 7 cm Höhe von der unteren Kante) entlang der oberen und unteren Kante annähen, die Seitenkanten offen lassen. Holzperlen als Knöpfe annähen. Alle Fäden vernähen.

Kleine Prinzessin

Kleid mit Windelhose und Mütze • Größe: 56 – 62 (68 – 74) 80 – 86 • Strickschrift und Schnittzeichnung auf Seite 85

Material

- 150 (150) 200 g Melone (100% Baumwolle, Lauflänge 180 m/50 g) und 50 (50) 100 g Pink (60% Baumwolle, 40% Polyamid, Lauflänge 200 m/50 g)
- für die Windelhose: Gummifaden in Melone
- 1 Paar Stricknadeln Nr. 3, je eine kurze Rundnadel Nr. 2,5 und 3, ein Nadelspiel Nr. 3, eine Häkelnadel Nr. 2,5

Kraus rechts mit Nadel Nr. 3: In Runden stets 1 Runde rechte Maschen und 1 Runde linke Maschen im Wechsel stricken.

Glatt rechts: Hin-Reihen rechte Maschen, Rück-Reihen linke Maschen, in Runden stets rechte Maschen stricken.

Glatt links: Hin-Reihen linke Maschen, Rück-Reihen rechte Maschen; in Runden stets linke Maschen stricken.

Bundmuster mit Nadel Nr. 2,5: 1 Masche glatt rechts und 1 Masche glatt links im Wechsel stricken.

Grundmuster mit Nadel Nr. 3 in Melone: Glatt rechts stricken.

Ajourmuster über 15 Maschen mit Nadel Nr. 3: Laut Strickschrift stricken. Es sind die Hin-Reihen/ungeraden Runden gezeichnet. In den Rück-Reihen/geraden Runden die Maschen stricken, wie sie erscheinen und die Umschläge links/rechts stricken. Den Mustersatz stets wiederholen und die 1. – 12. Reihe/Runde 1 x arbeiten.

Streifenmuster, glatt rechts mit Nadel Nr. 3: 4 Reihen/Runden in Melone und 4 Reihen/Runden in Pink im Wechsel stricken.

Loch-Reihen: * 2 Maschen rechts zusammen stricken, 1 Umschlag, ab * stets wiederholen, enden mit 1 (2) 1 Masche rechts.

Abnahmen: **am rechten Rand:** Rand-Masche, 2 Maschen rechts verschränkt zusammen stricken; **am linken Rand:** 2 Maschen rechts zusammen stricken, Rand-Masche.

Maschenprobe: im Grundmuster sind 25 Maschen und 31 Reihen = 10 x 10 cm; im Streifenmuster sind 25 Maschen und 28 Reihen = 10 x 10 cm.

So wird's gemacht

Die abweichenden Angaben der größeren Größen stehen in bzw. hinter den Klammern.

Kleid

Rückenteil: 77 (92) 107 Maschen in Melone anschlagen und zwischen den Rand-Maschen 12 Reihen im Ajourmuster stricken. Weiter zwischen den Rand-Maschen im Grundmuster stricken. 18 (21) 24 cm ab Anschlag 1 Loch-Reihe wie oben beschrieben arbeiten, dann weiter im Grundmuster fortfahren. 19 (22) 25 cm ab Anschlag weiter zwischen den Rand-Maschen im Streifenmuster stricken, dabei in der 1. Reihe gleichmäßig verteilt 25 (30) 35 M abnehmen = 52 (62) 72 Maschen. 10,5 (13) 15,5 cm ab Musterwechsel für den Halsausschnitt die mittleren 18 (22) 24 M abketten. Die Schultern getrennt beenden, dabei am Ausschnittrand in der 2. Reihe 1 x 2 Maschen abketten. 11,5 (14) 16,5 cm ab Musterwechsel die restlichen Schulter-Maschen gerade abketten.

Vorderteil: Ebenso stricken, jedoch mit Schlitz und tieferem Halsausschnitt. Dafür 4,5 (7) 9,5 cm ab Musterwechsel die mittleren 2 Maschen abketten. Die Seiten getrennt beenden, dabei für die Schlitzschräge am inneren Rand in jeder 2. Reihe 2 x 1 Masche wie oben beschrieben abnehmen. 7,5 (10) 12,5 cm ab Musterwechsel für den Halsausschnitt am inneren Rand 1 x 4 (6) 7 Maschen, dann in jeder 2. Reihe 1 x 2 Maschen und 2 x 1 Maschen abketten. In Rückenteilhöhe die restlichen Schulter-Maschen gerade abketten.

Fertigstellung: Die Teile leicht anfeuchten und laut der im Schnitt stehenden Maße spannen und trocknen lassen. Die Schulternähte schließen. Die Seitennähte schließen, dabei für die Armausschnitte die oberen 9 (11) 13 cm bis zur Schulter offen lassen. Die Schlitzkanten und den Halsausschnitt sowie die Armausschnitte jeweils mit 1 Runde fester Maschen und 1 Runde Krebs-Maschen (= feste Maschen von links nach rechts) in Pink umhäkeln. Für die Kordel eine Luftmaschen-Kette von ca. 80 (84) 88 cm Länge in Melone anschlagen und mit 1 Reihe Kettmaschen behäkeln. Die Kordel in die Loch-Reihe einziehen, dabei in der vorderen Mitte beginnen. Zum Schluss alle Nähte leicht ausdämpfen.

Windelhose

Die Hose wird von oben nach unten gearbeitet und beginnt mit dem Taillenbündchen:
Dafür 80 (100) 120 Maschen mit der Rundnadel in Melone anschlagen und in Runden 4 cm im Bundmuster stricken, dabei in der letzten Runde gleichmäßig verteilt 30 Maschen zunehmen = 110 (130) 150 Maschen. Weiter in Runden im Grundmuster stricken. 13 (15) 17 cm ab Bund

die Maschen in Hinter- und Vorderhose aufteilen = je 55 (65) 75 Maschen. Die Seiten getrennt beenden.

Hinterhose: Weiter zwischen den Rand-Maschen im Grundmuster fortfahren, dabei für die Beinschräge beidseitig in jeder 2. Reihe 4 x 3 und 6 x 2 Maschen (9 x 3 und 1 x 2 Maschen) 4 x 4 und 6 x 3 Maschen abketten. 20 (22) 24 cm ab Bund die restlichen Maschen abketten.

Vorderhose: Weiter zwischen den Rand-Maschen im Grundmuster fortfahren, dabei für die Beinschräge beidseitig in jeder 2. Reihe 4 x 5 (6) 7 Maschen und 1 x 4 (5) 6 Maschen abketten. 17 (19) 21 cm ab Bund die restlichen Maschen abketten.

Fertigstellung: Das Teil leicht anfeuchten und laut der im Schnitt stehenden Maße spannen und trocknen lassen. Aus den Beinausschnitten mit der Rundnadel je 56 (64) 72 Maschen in Melone aufnehmen und 2 cm im Bundmuster stricken. Die Maschen abketten. Die Schrittnaht schließen.

Den Gummifaden nach Bedarf in das Taillenbündchen einziehen. Zum Schluss alle Nähte leicht ausdämpfen.

Mütze:

90 (90) 105 Maschen mit dem Nadelspiel in Pink anschlagen, die Maschen auf 4 Nadeln verteilen und 6 Runden kraus rechts stricken. Weiter in Melone 12 Runden im Ajourmuster stricken. Anschließend weiter in Runden im Streifenmuster stricken, dabei in der 1. Runde 2 Maschen abnehmen (6 Maschen zunehmen) 1 Masche abnehmen = 88 (96) 104 Maschen. 10 (12) 14 cm ab Anschlag für die Abnahmen jede 7. + 8. Masche rechts zusammen stricken. Diese Abnahmen in jeder 2. Runde noch 6 x wiederholen, dabei verringert sich die Maschen-Zahl zwischen den Abnahmen in jeder Abnahme-Runde immer um 1 Masche. Die restlichen Maschen mit dem Arbeitsfaden fest zusammenziehen.

Fertigstellung: An die Mützenmitte 3 x je eine Luftmaschen-Kette von 6 cm Länge in Pink anschlagen und jeweils mit 1 Reihe fester Maschen behäkeln.

Mein himmelblauer Freund

Schnullerkette „Elefant" • Größe: 28 cm lang

Material

- Baumwollgarn (100 % Baumwolle, LL 150 m/50 g): je 50 g Hellblau und Rosa, wenig Rot und Schwarz
- Häkelnadel Nr. 3
- Hosenträgerclip, 25 mm

Grundmuster: Stets fM in Spiralrunden häkeln, dabei den Rd-Anfang mit einem Kontrastfaden markieren.

Maschenprobe: 22 fM und 26 R = 10 x 10 cm

So wird's gemacht

Kopf: 2 Lftm in Hellblau anschlagen.

1. Runde: 6 fM in die 2. Lftm von der Nadel aus häkeln (= 6 M).

2. Runde: Jede M verdoppeln (= 12 M).

3. Runde: Jede 2. M verdoppeln (= 18 M).

4. Runde: Jede 3. M verdoppeln (= 24 M).

5. Runde: Jede 4. M verdoppeln (= 30 M).

6. Runde: Jede 5. M verdoppeln (= 36 M).

7. Runde: 1 fM in jede M.

Faden abschneiden.

Ohr (2-mal): 2 Lftm in Rosa anschlagen.

1. Runde: 5 fM in die 2. Lftm von der Nadel aus häkeln (= 5 M).

2. Runde: Jede M verdoppeln (= 10 M).

3. Runde: Jede 2. M verdoppeln (= 15 M).

4. Runde: In Hellblau jede 3. M verdoppeln (= 20 M).

5. Runde: Jede 4. M verdoppeln (= 25 M).

6. Runde: Jede 5. M verdoppeln (= 30 M).

7. Runde: 1 fM in jede M.

Faden abschneiden.

Rüssel: Stb häkeln, jede R mit 3 Wende-Lftm als Ersatz für das 1. Stb beginnen, 1 Stb in jedes Stb der Vor-R häkeln, das letzte Stb in die oberste Wende-Lftm arbeiten.

8 Lftm in Hellblau anschlagen.

1. Reihe: 1 Stb in die 4. Lftm von der Nadel aus häkeln, 1 Stb in jede Lftm (= 6 Stb).

2.–20. Reihe: 1 Stb in jedes Stb.

Den Rüssel mit fM umhäkeln, an einer Ecke der 1. R 20 Lftm häkeln und dann an der anderen Ecke fM weiterhäkeln (die M dazwischen unbehäkelt lassen). Faden abschneiden.

Fertigstellung: Rüssel in die Mitte des Kopfes nähen. Die Ohren seitlich annähen, den Hosenträgerclip von hinten an den Kopf nähen. Augen in Schwarz und Mund in Rot aufsticken. Die Schnullerkette mithilfe einer Schlaufe am Schnullerring befestigen.

Für kleine Damen

Rock · Größe: 62–68 (74–80)

Material

- Merinowollgarn (100 % Merino-Schurwolle, LL 95 m/25 g): 75 g Lila, 50 g Hellorange, wenig Grünblau
- Häkelnadel Nr. 3,5
- Gummiband, 2 cm breit

Grundmuster: Stb häkeln, jede R mit 3 Wende-Lftm als Ersatz für das 1. Stb beginnen und das letzte Stb in die oberste Wende-Lftm arbeiten.

1 M abnehmen:

Am R-Anfang: 3 Lftm als Ersatz für das 1. Stb, und 2 Stb zusammen abmaschen.

Am R-Ende: 2 Stb zusammen abmaschen, 1 Stb in die oberste Wende-Lftm der Vor-R.

Maschenprobe: 20 Stb und 12 R = 10 x 10 cm

So wird's gemacht

Die Angaben für die größere Größe stehen jeweils in Klammern.

Vorderes Rockteil: 64 (72) Lftm mit Nadel Nr. 3,5 in Lila anschlagen.

1. Reihe: 1 Stb in die 4. Lftm von der Nadel aus, 1 Stb in jede Lftm = 62 (70) Stb.

2. Reihe: An jeder Seite je 1 M abnehmen = 60 (68) Stb.

3.–21. (3.–25.) Reihe: Die 1. und 2. R stets wiederholen = 40 (48) Stb.

Faden abschneiden.

Hinteres Rockteil: Wie das vordere Rockteil arbeiten.

Vorderes und hinteres Rockteil an den Seiten zusammennähen.

Bündchen: Stets fM häkeln, dabei nur in das hintere M-Glied einstechen, es wird in Spiral-Rd gehäkelt, den Rd-Anfang mit einem Kontrastfaden markieren.

1. Runde: Rundum 80 (96) fM häkeln.

2.–8. Runde: 1 fM in jede M, dabei nur in das hintere M-Glied häkeln = 80 (96) M.

Faden abschneiden.

Rüschenrand in Hellorange:

1. Reihe: 3 DStb in jede M am unteren Rand häkeln, das 1. DStb durch 4 Lftm ersetzen, mit einer Kettm in die oberste Lftm schließen.

Faden abschneiden.

Fertigstellung: Bündchen zur Hälfte nach innen umschlagen und unten knappkantig festnähen, dabei ca. 2 cm offen lassen und das Gummiband einziehen (Länge am Baby abmessen). Blumen gemäß Foto im Margeritenstich aufsticken (siehe auch Seite 24). Für die Punkte 2 Lftm anschlagen, 5 Lftm in die 2. Lftm von der Nadel aus häkeln, mit 1 Kettm schließen, in die Mitte der Blumen nähen. Fäden vernähen.

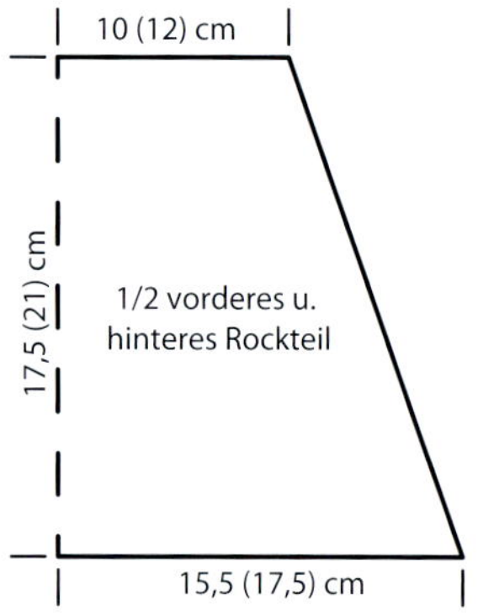

Rüschen rundum

Stulpen · Größe: 17 cm hoch

Material

- Merinowollgarn (100 % Merino-Schurwolle, LL 95 m/25 g): 50 g Flieder und Hellorange, wenig Grünblau
- Häkelnadel Nr. 3,5

Grundmuster: Stets fM häkeln, jede R mit 1 Wende-Lftm beginnen, 1 fM in jede fM der Vor-R arbeiten, dabei nur in das hintere M-Glied einstechen.

Maschenprobe: 23 fM und 22 R =10 x 10 cm

So wird's gemacht

36 Lftm in Flieder anschlagen.

1. Reihe: 1 fM in die 2. Lftm von der Nadel aus, 1 fM in jede Lftm (= 35 M).

2.–45. Reihe: 1 fM in jede M, dabei nur in das hintere M-Glied einstechen.

Faden abschneiden.

1. und 45. R zur Stulpe zusammennähen.

Rüschenrand:

1. Reihe: Einen Rand in Hellorange mit fM umhäkeln (= 45 M).

2. Reihe: 3 DStb in jede fM häkeln (das 1. DStb durch 4 Lftm ersetzen), mit 1 Kettm in die oberste Lftm schließen.

Faden abschneiden.

Die zweite Stulpe ebenso arbeiten.

Fertigstellung: Den anderen Rand der Stulpen jeweils mit fM in Flieder umhäkeln. Blumen im Margeritenstich aufsticken. Für die Punkte 2 Lftm anschlagen, 5 Lftm in die 2. Lftm von der Nadel aus häkeln, mit 1 Kettm schließen, in die Mitte der Blumen nähen. Fäden vernähen.

Margeritenstich

Bei diesem Stich handelt es sich um kreisförmig angeordnete Kettenstiche, das sind Schlaufen, die mit einem Überwendlichstich gehalten werden. Die Stiche von der Mitte aus in eine Einstichstelle führen.

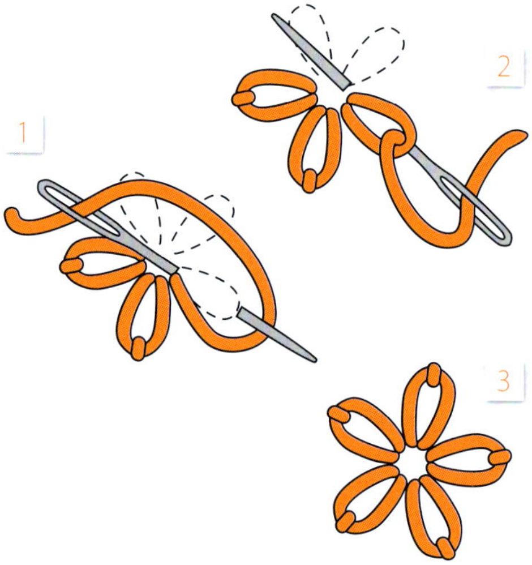

Glückspilz

Mütze und Greifling • Mützenumfang ca. 35 cm • Greifling ca. 10 cm hoch

Material

- Schurwollgarn (100 % Schurwolle, Lauflänge 80 m/50 g): je 50 g Blaugrau, Zyklam, Grün, Weiß und Rosé
- 1 Nadelspiel Nr. 5
- 1 Häkelnadel Nr. 5
- Füllwatte

So wird's gemacht

Rippenmuster: 1 Masche rechts, 1 Masche links im Wechsel.

Glatt rechts: In Runden stets rechte Maschen stricken.

Karomuster: **1. und 2. Runde:** 2 Maschen Zyklam, 2 Maschen Rosé im Wechsel. **3. und 4. Runde:** 2 Maschen Rosé, 2 Maschen Zyklam im Wechsel. Die 1.–4. Runde stets wiederholen.

Maschenprobe: 16 Maschen und 23 Reihen = 10 x 10 cm

Mütze mit Applikation

Mit dem Nadelspiel 54 Maschen in Zyklam anschlagen und gleichmäßig auf 4 Nadeln verteilen = 13 bzw. 14 Maschen pro Nadel.

6 Runden in Zyklam im Rippenmuster stricken, dann glatt rechts weiterarbeiten, dabei in folgender Farbfolge stricken:

7.–14. Runde: Grün; 15.–19. Runde: Weiß; 20.–23. Runde: Blaugrau; 24.–28. Runde: Weiß; 29.–32. Runde: Blaugrau.

In der 32. Runde (Blaugrau) gleichmäßig verteilt 7 Maschen abnehmen. Dazu jeweils 2 Maschen rechts zusammenstricken. Diese Abnahmen über den gleichen Stellen noch 5-mal in jeder Runde wiederholen. Die 33.–37. Runde in Weiß arbeiten. Die 38.–43 Runde im Karomuster wie angegeben stricken. Die restlichen 12 Maschen mit dem Arbeitsfaden zusammenziehen und vernähen. ▶

Pilzapplikation: Für den Pilzstiel in Grün 4 Luftmaschen anschlagen und feste Maschen häkeln, dabei jede Reihe mit 1 Ersatzluftmasche für die 1. feste Masche beginnen. 2 Reihen in Grün und 5 Reihen in Weiß häkeln. Dann ringsum farblich passend mit Kettenstichen umstechen. Für den Pilzkopf in Zyklam 11 Luftmaschen anschlagen und 4 Reihen feste Maschen häkeln, dann beidseitig je 1 Masche abnehmen, bis noch 5 Maschen übrig sind. Dann ringsum in Zyklam mit Kettenstichen umstechen. Fäden vernähen.

Den Pilzkopf mit kleinen Stichen am Stiel festnähen. Weiße Punkte mit Maschenstichen aufsticken.

Fertigstellung: Mit Maschenstichen in Rosé Längs- und Querlinien sowie Punkte auf die Mütze aufsticken (siehe Foto). Pilz auf die Mütze nähen.

Greifling

3 Luftmaschen in Grün anschlagen, mit 1 Kettmasche zum Ring schließen. Für den Boden in Spiralrunden in jede Masche 2 feste Maschen häkeln, bis 19 Maschen erreicht sind. Nun in Runden gerade hochhäkeln, also jede Runde mit 1 Luftmasche als Ersatz für die 1. feste Masche beginnen und mit 1 Kettmasche schließen: 3 Runden in Grün, 6 Runden in Weiß, 1 Runde in Zyklam. In der nächsten Runde in jede Masche 2 feste Maschen häkeln = 38 Maschen. Noch 2 Runden in Zyklam ohne Zunahmen arbeiten, dabei den Pilz mit Füllwatte ausstopfen. In Spiralrunden wie folgt weiterhäkeln: 2 feste Maschen, 1 Masche überspringen usw. Am Ende den Faden durchziehen und vernähen.

Fertigstellung: Die Punkte in Weiß mit Maschenstichen aufsticken (siehe Foto).

Ringel-Ringel-Reihen

Ringelmütze und Schal • Mützenumfang 41 cm • Schal ca. 90 cm lang, 9 cm breit (ohne Fransen)

Material

- Merinowollgarn (100 % Merinowolle, Lauflänge 155 m/50 g): je 50 g Grau, Stahlblau, Rot und Grün
- 1 Nadelspiel Nr. 2,5
- 1 Rundstricknadel Nr. 2,5 (60 cm lang)

Rippenmuster: In Runden 2 Maschen rechts, 2 Maschen links

Rechts-links-Muster über 3 Runden:

1. Runde: Rechte Maschen.

2. Runde: Linke Maschen.

3. Runde: Rechte Maschen.

Die 1.–3. Runde stets wiederholen.

Farbfolge Mütze: * 3 Runden Grau, 3 Runden Rot, 3 Runden Grau, 3 Runden Stahlblau, 3 Runden Grau, 3 Runden Grün, ab * stets wiederholen.

Glatt rechts: In Hinreihen rechte Maschen, in Rückreihen linke Maschen stricken.

Farbfolge Schal: 3 Reihen Grau, 3 Reihen Rot, 2 Reihen Grau, 3 Reihen Grün, 2 Reihen Grau, 3 Reihen Stahlblau (= 16 Reihen)

Maschenprobe glatt rechts: 26 Maschen und 38 Reihen = 10 x 10 cm. ▶

So wird's gemacht

Mütze

112 Maschen in Blau anschlagen und auf dem Nadelspiel verteilen = 28 Maschen pro Nadel. Zunächst 8 Runden im Rippenmuster arbeiten. Danach im Rechts-links-Muster in der angegebenen Farbfolge stricken. Nach 11 cm Gesamthöhe mit den Abnahmen beginnen: In der nächsten Runde 8 Maschen abnehmen, dazu jeweils am Nadelanfang und am Nadelende 2 Maschen zusammenstricken. Diese Abnahmen noch 12-mal in jeder 3. Runde über den gleichen Stellen wiederholen = 8 Maschen. Nun über diese 8 Maschen für den Zipfel noch 8 Runden weiterstricken. Dann die Maschen mit dem Arbeitsfaden zusammenziehen und den Faden vernähen.

Schal

230 Maschen in Blau auf der Rundstricknadel anschlagen und 4 Reihen kraus rechts stricken. Anschließend glatt rechts 1-mal in der angegebenen Farbfolge Schal arbeiten. Dann den Schal in entgegengesetzter Reihenfolge beenden und alle Maschen locker abketten.

An den beiden Schmalseiten wie folgt Häkelfransen arbeiten, eine Seite in Grün, eine Seite in Rot: An der Ecke anschlingen und 1 Reihe feste Maschen arbeiten, 1 Wendeluftmasche, * 1 feste Masche in die nächste Masche der Vorreihe, 8 Luftmaschen, wenden und in jede Luftmasche 1 Kettmasche arbeiten, mit einer festen Masche an der Vorreihe anschlingen; ab * wiederholen bis Reihenende.

Alle Fäden vernähen und den Schal unter einem feuchten Tuch leicht spannen.

Kuschelweich

Overall und Mütze • Größe: 68 – 74 (80 – 86) 92 – 98 • Strickschrift und Schnittzeichnungen auf Seite 85

Material:

- 300 (350) 400 g Türkis und je 100 (100) 150 g Aqua und Petrol (50% Baumwolle, 50% Viskose, Lauflänge 100 m/50 g)
- 1 Paar Stricknadeln Nr. 4, eine kurze Rundnadel Nr. 4 und ein Nadelspiel Nr. 4 sowie 1 Häkelnadel Nr. 3,5 und 4
- 7 Knöpfe „Maus“

Glatt rechts: Hin-Reihen rechte Maschen, Rück-Reihen linke Maschen stricken.
Glatt rechts in Runden: Alle Maschen rechts stricken.
Glatt links: Hin-Reihen linke Maschen, Rück-Reihen rechte Maschen stricken.
Glatt links in Runden: Alle Maschen links stricken.
Reliefmuster über 8 Maschen: Laut Strickschrift stricken. Es sind die Hin- und Rück-Reihen gezeichnet.
Mit den Maschen vor dem Mustersatz beginnen, den Mustersatz stets wiederholen und mit den Maschen nach dem Mustersatz enden. Die 1. – 16. Reihe stets wiederholen.
Bundmuster: 2 Maschen glatt rechts, 2 M glatt links im Wechsel stricken.
Streifenmuster: Je 2 Reihen glatt rechts in Aqua, Petrol und Türkis im Wechsel stricken.
Betonte Abnahmen vor der Markierung: Die letzte und vorletzte Masche rechts zusammen stricken.
Betonte Abnahmen nach der Markierung: 2 Maschen rechts überzogen zusammen stricken (=1 Masche rechts abheben, 1 Masche rechts, dann die abgehobene Masche darüberziehen).
Krebs-Maschen: feste Maschen von links nach rechts häkeln.
Maschenprobe: Im Reliefmuster sind 20 Maschen und 29 Reihen = 10 x 10 cm; im Streifenmuster sind 19 Maschen und 26 Reihen = 10 x 10 cm.

So wird's gemacht

Die abweichenden Angaben der größeren Größen stehen in bzw. hinter den Klammern.

Overall

Hinteres rechtes und vorderes linkes Hosenbein: Je 20 (24) 28 Maschen in Türkis anschlagen und zwischen den Randmaschen 2 cm im Bundmuster stricken. Weiter zwischen den Randmaschen im Streifenmuster, dabei für die Beinschrägen abwechselnd in jeder 4. Reihe und 2. Reihe beidseitig 12 x 1 Masche zunehmen. 13 (15) 17 cm ab Bund Maschen stilllegen.
Hinteres linkes und vorderes rechtes Hosenbein: Genauso stricken.
Rückenteil: Die Maschen des hinteren rechten und linken Hosenbeins auf die Nadel nehmen und weiter zwischen den Randmaschen im Streifenmuster stricken, dabei in der 1. Reihe die innen aufeinander treffenden Randmaschen zusammen stricken = 86 (94) 102 Maschen. 33 (37) 41 cm ab Bund gleichmäßig verteilt 31 Maschen abnehmen und in Türkis im Reliefmuster weiterstricken. 48 (53) 58 cm ab Bund für den Halsausschnitt die mittleren 15 (17) 19 Maschen abketten.
Über beide Schultern getrennt zu Ende stricken, dabei in jeder 2. Reihe 2 x 2 Maschen abketten. 50 (55) 60 cm ab Bund die restlichen Schultermaschen abketten.
Vorderteil: Die Maschen des vorderen linken und rechten Hosenbeins auf die Nadel nehmen und ebenso stricken, jedoch mit Schlitz und tieferem Halsausschnitt.
Dafür 31 (35) 39 cm ab Anschlag die mittleren 4 Maschen abketten und die Seiten getrennt beenden. 33 (37) 41 cm ab Bund gleichmäßig verteilt 16 Maschen abnehmen und in Türkis im Reliefmuster weiterstricken. 45 (48) 55 cm ab Bund für den Halsausschnitt am inneren Rand 1 x 5 Maschen abketten und dann in jeder 2. Reihe 1 x 2 Maschen und 2 (3) 4 x 1 Maschen abketten. In Rückenteilhöhe die restlichen Schultermaschen gerade abketten.
Fertigstellung: Die Teile leicht anfeuchten und laut der im Schnitt stehenden Maße spannen und trocknen lassen. Die Schulternähte schließen. Den Halsausschnitt mit 1 Reihe fester Maschen in Türkis umhäkeln. Aus dem äußeren Maschenglied der festen Maschen mit der Rundnadel 60 (64) 68 Maschen aufnehmen und zwischen den Randmaschen 2 cm im Bundmuster stricken. Maschen abketten. Die Verschlussblenden mit 1 Reihe fester Maschen in Türkis umhäkeln. Aus dem äußeren Maschenglied der festen Maschen mit der Rundnadel 40 (44) 48 Maschen aufnehmen und zwischen den Randmaschen 2 cm im Bundmuster stricken, dabei in die linke Blende gleichmäßig verteilt 4 Knopflöcher – 2 Maschen abketten und in der folgenden Reihe wieder neu anschlagen – einarbeiten. Maschen abketten. Die unteren Blendenschmalseiten links über rechts

annähen. Die Seitennähte schließen, dabei die oberen 11 (12) 13 cm für die Armausschnitte offen lassen. Die Armausschnitte in Türkis mit 1 Runde fester Maschen und 1 Runde Krebsmaschen umhäkeln. Die inneren Beinnähte schließen. Zum Schluss alle Nähte leicht ausdämpfen. 4 Knöpfe „Maus" annähen.

Mütze

Mit dem Nadelspiel 76 (80) 84 Maschen in Türkis anschlagen, die Maschen auf 4 Nadeln verteilen und in Runden 2 cm im Bundmuster stricken. Weiter glatt rechts im Streifenmuster stricken. 11 (12) 13 cm ab Bund die 19. (20.) 21. Masche und die 57. (60.) 63. Masche markieren und für die Abnahmen beidseitig der Markierung in jeder 2. Runde 5 (6) 7 x 1 Masche und dann in jeder Runde 12 x 1 Maschen betont abnehmen. Die restlichen Maschen mit dem Arbeitsfaden zusammenziehen.

Fertigstellung: 3 Knöpfe „Maus" auf die Mütze nähen.

Schick in Pastell

Wickeljacke • Größe: 62/68 (74/86)

Material

- Merinowollgarn (100 % Merino-Schurwolle, LL 95 m/25 g): 150 g (200 g) Flieder
- Glanzgarn (50 % Acetat, 25 % Baumwolle, 25 % Polyacryl, LL 125 m/50 g): 50 g Gold
- Häkelnadel Nr. 3,5
- 2 Druckknöpfe zum Annähen
- Schleifenband in Flieder, 2 cm breit, ca. 30 cm lang

Grundmuster: Stb häkeln, jede R mit 3 Wende-Lftm als Ersatz für das 1. Stb beginnen und das letzte Stb in die oberste Wende-Lftm arbeiten.

1 M abnehmen:

Am R-Anfang: 3 Lftm als Ersatz für das 1. Stb, und 2 Stb zusammen abmaschen.

Am R-Ende: 2 Stb zusammen abmaschen, 1 Stb in die oberste Wende-Lftm der Vor-R.

1 M zunehmen:

Am R-Anfang: 3 Lftm als Ersatz für das 1. Stb, 2 Stb in die folgende M.

Am R-Ende: 2 Stb in die folgende M, 1 Stb in die oberste Wende-Lftm der Vor-R.

Maschenprobe mit Merinowollgarn und Nadel Nr. 3,5: 20 Stb und 12 R = 10 x 10 cm

So wird's gemacht

Die Angaben für die größere Größe stehen jeweils in Klammern.

Rückenteil: 58 (66) Lftm in Flieder anschlagen.

1. Reihe: 1 Stb in die 4. Lftm von der Nadel aus, 1 Stb in jede Lftm = 56 (64) Stb.

2. Reihe: 1 Stb in jedes Stb = 56 (64) Stb.

3. Reihe: Die 2. R stets wiederholen, bis eine Höhe von 26 (30) cm erreicht ist = 32 (36) R.

Faden abschneiden.

Rechtes Vorderteil: 56 (64) Lftm anschlagen.

1. Reihe: 1 Stb in die 4. Lftm von der Nadel aus, 1 Stb in jede Lftm = 54 (62) Stb.

2. Reihe: 1 Stb in jedes Stb = 54 (62) Stb.

3. Reihe: Am rechten Rand für die Schrägung 2 M abnehmen = 52 (60) Stb.

4.–12. Reihe: Die 3. R stets wiederholen = 34 (42) Stb.

13. Reihe: Am rechten Rand für die Schrägung 1 M abnehmen = 33 (41) Stb.

14.–26. Reihe: die 13. R stets wiederholen = 20 (28) Stb.

27. Reihe: 1 Stb in jedes Stb.

28. Reihe: Am rechten Rand für die Schrägung 1 M abnehmen = 19 (27) Stb.

29. und 30. Reihe: Die 27. und 28. R 1-mal wiederholen = 18 (26) Stb.

31.–32. (31.–36.) Reihe: 1 Stb in jedes Stb = 18 (26) Stb.

Faden abschneiden.

Linkes Vorderteil: Wie das rechte Vorderteil arbeiten, jedoch gegengleich, d. h.: jeweils am linken Rand für die Schrägung abnehmen.

Ärmel (2-mal): 42 (46) Lftm mit Nadel Nr. 3,5 in Flieder anschlagen.

1. Reihe: 1 Stb in die 4. Lftm von der Nadel aus, 1 Stb in jede Lftm = 40 (44) Stb.

2. und 3. Reihe: 1 Stb in jedes Stb.

4. Reihe: An beiden Seiten für die Schrägung je 1 M zunehmen = 42 (46) Stb.

5. Reihe: 1 Stb in jedes Stb.

6.–17. Reihe: Die 2.–5. R 3-mal wiederholen = 48 (52) Stb.

18. Reihe: An beiden Seiten für die Schrägung je 1 M zunehmen = 50 (54) Stb.

19. (19.–22.) Reihe: 1 Stb in jedes Stb.

Faden abschneiden.

Krönchen-Tasche: 17 Lftm in Gold anschlagen.

1. Reihe: 1 Stb in die 4. Lftm von der Nadel aus, 1 Stb in jede Lftm = 15 Stb. ▶

2.–6. Reihe: 1 Stb in jedes Stb.

1. Kronenzacke: Es werden fM gehäkelt!

7. Reihe: 1 Wende-Lftm, 5 fM häkeln = 5 M.

8. Reihe: 1 Wende-Lftm, 2 fM zusammen abmaschen 1 fM, 2 fM zusammen abmaschen = 3 M.

9. und 10. Reihe: 1 Wende-Lftm, 1 fM in jede fM = 3 M.

11. Reihe: Die 3 fM zusammen abmaschen. Faden abschneiden.

2. Kronenzacke:

7. Reihe: Faden neu anschlingen, 1 Lftm, 5 fM häkeln.

8.–11. Reihe: Wie die 8.–11. R bei der 1. Kronenzacke arbeiten.

3. Kronenzacke: Wie die 2. Kronenzacke arbeiten. Die Krönchen-Tasche mit fM umhäkeln.

Fertigstellung: Die Schulternähte schließen. Die Seitennähten schließen, dabei für die Armausschnitte 12 cm offenlassen. Die Ärmelseitennähte schließen. Die Ärmel einnähen, die Ärmelmitte sollte an der Schulternaht liegen. Die Wickeljacke und die Ärmelunterkanten mit fM umhäkeln. Auf das rechte Vorderteil die Tasche nähen. Alle Fäden vernähen. Die Druckknopfteile jeweils an die äußeren Ecken die Vorderteile nähen. Aus dem Schleifenband eine Schleife binden und auf das rechte Vorderteil nähen.

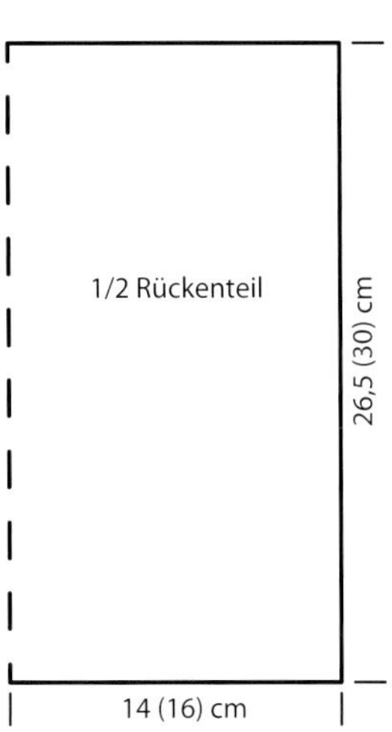

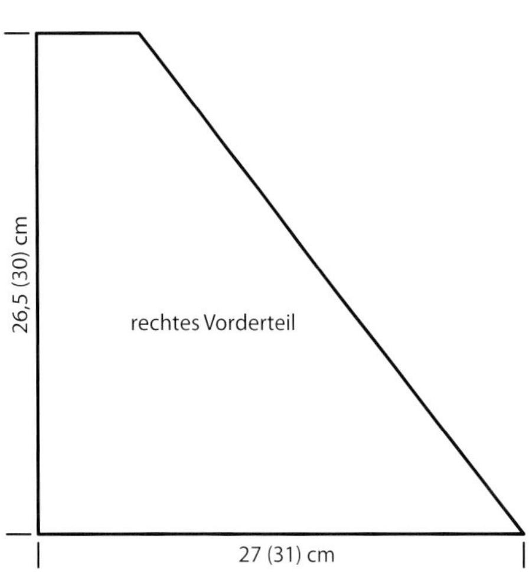

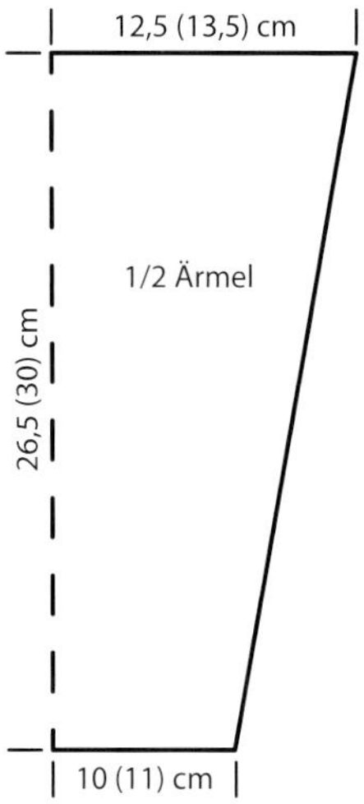

Bunt aufgereiht

Kinderwagenketten · Größe: Kette 47 cm lang

Material

- dünnes Baumwollgarn (100 % Baumwolle, LL 150 m/50 g): je 50 g Türkis und Rot, wenig Orange und Weiß
- dickes Baumwollgarn (100 % Baumwolle, LL 90 m/50 g): je 50 g Fuchsia-Color und Blau-Grün-Color
- Häkelnadeln Nr. 3 und Nr. 4
- Elastikfaden, je 45 cm pro Kette
- 4 Hosenträgerclips, 18 mm
- 66 Holzperlen in verschiedenen Farben, Ø 12 mm

Grundmuster: Stets fM häkeln, jede R mit 1 Wende-Lftm beginnen.
Maschenprobe mit dem dünnen Baumwollgarn und Nadel Nr. 3: 22 fM und 26 R = 10 x 10 cm; **mit dem dicken Baumwollgarn und Nadel Nr. 4:** 17 fM und 20 R = 10 x 10 cm

So wird's gemacht

Auto

Seitenteil (2-mal): 20 Lftm in Türkis mit Nadel Nr. 3 anschlagen. In diese Grund-R wie folgt arbeiten:
1. Reihe: 1 fM in die 2. Lftm von der Nadel aus, dann 1 fM in jede folgende Lftm (= 19 M).
2. Reihe: 2 fM in die 1. M der Vor-R, 17 fM, 2 fM in die letzte M der Vor-R (= 21 M).
3. und 4. Reihe: 1 fM in jede M.
5. Reihe: 5 fM, in Weiß 11 fM, 5 fM in Türkis.
6. Reihe: 2 fM zusammen abmaschen, 3 fM, in Weiß 11 fM, in Türkis 3 fM, 2 fM zusammen abmaschen (= 19 M).
7. Reihe: 2 fM zusammen abmaschen, 2 fM, in Weiß 11 fM, in Türkis 2 fM, 2 fM zusammen abmaschen (= 17 M).
8. Reihe: 2 fM zusammen abmaschen, 2 fM, in Weiß 9 fM, in Türkis 2 fM, 2 fM zusammen abmaschen (= 15 M).
9. Reihe: 2 fM zusammen abmaschen, 2 fM, in Weiß 7 fM, in Türkis 2 fM, 2 fM zusammen abmaschen (= 13 M).
10. Reihe: 2 fM zusammen abmaschen, 2 fM, in Weiß 5 fM, in Türkis 2 fM, 2 fM zusammen abmaschen (= 11 M).
11. Reihe: 2 fM zusammen abmaschen, 7 fM, 2 fM zusammen abmaschen (= 9 M).
12. Reihe: 2 fM zusammen abmaschen, 5 fM, 2 fM zusammen abmaschen (= 7 M).
13. Reihe: 1 fM in jede M (= 7 M).
Faden abschneiden.
Das **Auto in Rot** ebenso arbeiten.
Rad (8-mal): 2 Lftm in Orange mit Nadel Nr. 3 anschlagen.
1. Runde: 5 fM in die 2. Lftm von der Nadel aus häkeln (= 5 M).
2. Runde: Jede M verdoppeln, d. h.: 2 fM in jede fM der Vor-Rd häkeln (= 10 M).

Herz in Fuchsia

Vorderseite: 2 Lftm in Fuchsia-Color mit Nadel Nr. 4 anschlagen.
1. Reihe: 3 fM in die 2. Lftm von der Nadel aus häkeln (= 3 M).
2. Reihe: 2 fM in die 1. M der Vor-R, 1 fM, 2 fM in die letzte M der Vor-R (=5M).
3. Reihe: 2 fM in die 1. M der Vor-R, 3 fM, 2 fM in die letzte M der Vor-R (= 7 M).
4. Reihe: 2 fM in die 1. M der Vor-R, 5 fM, 2 fM in die letzte M der Vor-R (= 9 M).
5. Reihe: 2 fM in die 1. M der Vor-R, 7 fM, 2 fM in die letzte M der Vor-R (= 11 M).
6. Reihe: 2 fM in die 1. M der Vor-R, 9 fM, 2 fM in die letzte M der Vor-R (=13 M).
7.–9. Reihe: 1 fM in jede M (= 13 M).
10. Reihe: 6 fM häkeln, wenden, die restlichen 7 M unbehäkelt lassen (= 6 M).
11. Reihe: 2 fM zusammen abmaschen, 2 fM, 2 fM zusammen abmaschen (= 4 M).
12. Reihe: 2 fM zusammen abmaschen, 2 fM zusammen abmaschen (= 2 M).
Die 7. fM aus der 9. R unbehäkelt lassen, neu anschlingen und die 10.–12 R wiederholen (= 2. Herzhälfte).
Rückseite: Wie die Vorderseite arbeiten.
Das **Herz in Blau-Grün** ebenso arbeiten.
Fertigstellung: Jeweils die beiden Teile der Autos und Herzen aufeinanderlegen und mit fM zusammenhäkeln. Die Räder auf die Autos nähen. Fäden vernähen. Ein Ende des Elastikfadens an einen Hosenträgerclip knoten, je Kette 33 Perlen aufreihen, dazwischen Autos bzw. Herzen auffädeln, dann das andere Ende des Fadens an den anderen Clip knoten.

Freddy Frosch

Kuschelkissen • Größe: ca. 40 cm hoch • Stickvorlage auf Seite 84

Material

- Wollmischgarn (Lauflänge 115 m/50 g): 60 g in Grün, Reste in Pink, Blau, Weiß und Schwarz
- Nadelspiel Nr. 4
- Sticknadel
- Bügeleisen, feuchtes Tuch
- Füllwatte (waschbar), ca. 50 g

Glatt rechts: In Runden alle Maschen rechts stricken.

Maschenprobe glatt rechts: 18 Maschen und 30 Reihen = 10 x 10 cm

So wird's gemacht

Körper und Kopf: Mit dem Nadelspiel 72 Maschen in Pink anschlagen und glatt rechts 2 Runden in Pink und 2 Runden in Blau im Wechsel stricken. So 30 Runden hocharbeiten. Anschließend weitere 30 Runden in Grün arbeiten. Alle Maschen abketten und den oberen Rand zusammennähen.

Auge (2-mal): 28 Maschen in Grün anschlagen und glatt rechts stricken. In der 4. Runde mit den seitlichen Schrägen beginnen, dazu 5-mal in jeder 2. Runde wie folgt abnehmen: Auf der 1. und 3. Nadel die drittletzte und zweitletzte Masche rechts zusammenstricken, auf der 2. und 4. Nadel die 2. und 3. Masche rechts überzogen zusammenstricken (= 8 Maschen). Die restlichen Maschen mit dem Arbeitsfaden fest zusammenziehen, Faden vernähen.

Arm und Bein (je 2-mal): Mit dem Nadelspiel 40 Maschen in Grün anschlagen und 5 Runden glatt rechts stricken. In der 6. Runde mit den seitlichen Schrägen beginnen, dazu in jeder 2. Runde 5-mal wie folgt abnehmen: Auf der 1. und 3. Nadel die dritt- und zweitletzte Masche rechts zusammenstricken, auf der 2. und 4. Nadel die 2. und 3. Masche rechts überzogen zusammenstricken (= 20 Maschen). Dann für den Arm noch 30 Runden, für das Bein noch 40 Runden stricken. Die Maschen abketten und die Öffnung zunähen.

Fertigstellung: Nach der Vorlage in Weiß und Schwarz die Augen im Maschenstich aufsticken. Die Mundlinie in Schwarz im Kettenstich arbeiten. Alle Froschteile von links mit einem Bügeleisen und einem aufgelegten feuchten Tuch leicht dämpfen. Dann die Einzelteile locker mit Füllwatte ausstopfen, so bleiben sie flexibel und lassen sich in jede Richtung biegen. Die Öffnungen schließen. Augen, Arme und Beine gemäß Foto an den Froschkörper nähen.

Tierisch behaglich

Decke und Kissen • Größe: Decke 80 x 80 cm, Kissen 50 x 50 cm

Decke

Material

- Merinowollgarn (100 % Merino-Schurwolle, LL 95 m/25 g): 350 g Rot
- Baumwollgarn (100 % Baumwolle, LL 150 m/50 g): 100 g Orange, je 50 g Pink, Limone und Türkis
- Häkelnadeln Nr. 3,5 und Nr. 3

Grundmuster: Stb häkeln, jede R mit 3 Wende-Lftm als Ersatz für das 1. Stb beginnen, 1 Stb in jedes Stb der Vor-R häkeln, das letzte Stb in die oberste Wende-Lftm arbeiten.

Muschelborte: 1 fM, * 1 M übergehen, 5 Stb in die nächste M, 1 M übergehen, 1 fM in die nächste M, ab * stets wiederholen.

Streifenfolge für den Schmetterlingskörper: 3 R Limone, 3 R Türkis im Wechsel.

Maschenprobe mit Merinowollgarn und Nadel Nr. 3,5: 20 Stb und 12 R = 10 x 10 cm

So wird's gemacht

Decke: 182 Lftm in Rot mit Nadel Nr. 3,5 anschlagen.

1. Reihe: 1 Stb in die 4. Lftm von der Nadel aus, 1 Stb in jede Lftm (= 180 Stb).

2.–89. Reihe: 1 Stb in jede M.

Die Decke mit fM umhäkeln, in den Ecken 3 fM in 1 M arbeiten.

Schmetterling: Für Kopf und Körper 2 Lftm in Türkis mit Nadel Nr. 3 anschlagen.

1. Reihe: 2 fM in die 2. Lftm von der Nadel aus häkeln (= 2 M).

2. Reihe: 2 fM in die 1. M der Vor-R, 2 fM in die letzte M der Vor-R (= 4 M).

3. Reihe: 2 fM in die 1. M der Vor-R, 2 fM, 2 fM in die letzte M der Vor-R (= 6 M).

4.–24. Reihe: In der Streifenfolge arbeiten, 1 fM in jede M häkeln.

25. Reihe: Weiter in Limone. Die 1. und 2. M zusammen abmaschen, 2 fM, die letzten 2 M zusammen abmaschen (= 4 M).

26. Reihe: Die 1. und 2. M zusammen abmaschen, die letzten 2 M zusammen abmaschen (= 2 M).

Den Körper mit fM in Limone umhäkeln.

Für einen Fühler in Limone mit Nadel Nr. 3 oben in der Mitte des Kopfes 7 Lftm anhäkeln.

1. Reihe: 3 Stb in die 4. Lftm von der Nadel aus häkeln, 3 Lftm, 1 Kettm in dieselbe M wie das Stb, 1 fM in die nächsten 3 Lftm, 1 Kettm in die Mitte des Kopfes.

Für den zweiten Fühler 1-mal wiederholen. Faden abschneiden.

Für die Flügel werden fM in Spiralrunden gehäkelt, den Rd-Anfang mit einem Kontrastfaden markieren.

Großer Flügel (2-mal): 2 Lftm in Orange mit Nadel Nr. 3 anschlagen.

1. Runde: 5 fM in die 2. Lftm von der Nadel aus häkeln (= 5 M).

2. Runde: Jede M verdoppeln, d. h.: 2 fM in jede fM der Vor-Rd häkeln (= 10 M).

3. Runde: Jede 2. M verdoppeln (= 15 M).

4. Runde: Jede 3. M verdoppeln (= 20 M).

5. Runde: Jede 4. M verdoppeln (= 25 M).

6. Runde: Jede 5. M verdoppeln (= 30 M).

7. Runde: Jede 6. M verdoppeln (= 35 M).

8. Runde: Jede 7. M verdoppeln (= 40 M).

Faden abschneiden.

Kleiner Flügel (2-mal): Mit Nadel Nr. 3 in Pink 2 Lftm anschlagen und einmal die 1.–6. Rd wie beim großen Flügel arbeiten. Faden abschneiden.

Fertigstellung: Die Decke mit Nadel Nr. 3 mit fM in Orange umhäkeln, in den Ecken 3 fM in 1 M der Vor-R arbeiten. Dann die Decke mit der Muschelborte umhäkeln. Die Flügel an den Schmetterlingskörper nähen, erst die großen, dann die kleinen etwas darüber. Den Schmetterling auf die Decke nähen. Fäden vernähen. ▶

Kissen

Material

- Merinowollgarn (50 % Merino-Schurwolle, 50 % Polyacryl, LL 80 m/50g): 550 g Gelb
- Baumwollmischgarn (60 % Baumwolle, 40 % Polyacryl, LL 140 m/50 g): 50 g Petrol, wenig Schwarz und Rot
- Häkelnadeln Nr. 5 und Nr. 4
- Füllkissen, 50 x 50 cm, 4 Knöpfe in Orange

Grundmuster: Stb häkeln, jede R mit 3 Wende-Lftm als Ersatz für das 1. Stb beginnen, 1 Stb in jedes Stb der Vor-R häkeln, das letzte Stb in die oberste Wende-Lftm arbeiten.

Muschelborte: 1 fM, * 1 M übergehen, 5 Stb in die nächste M, 1 M übergehen, 1 fM in die nächste M, ab * stets wiederholen.

Maschenprobe mit Merinowollgarn und Nadel Nr. 5: 15 Stb und 9 R = 10 x 10 cm

So wird's gemacht

Vorderseite: 72 Lftm in Gelb mit Nadel Nr. 5 anschlagen.

1. Reihe: 1 Stb in die 4. Lftm von der Nadel aus, 1 Stb in jede Lftm (= 70 Stb).

2.–38. Reihe: 1 Stb in jedes Stb arbeiten.

Obere Rückseite: 71 Lftm in Gelb mit Nadel Nr. 5 anschlagen.

1. Reihe: 1 fM in die 2. Lftm von der Nadel aus, 1 fM in jede Lftm (= 70 fM).

2. und 3. Reihe: 1 fM in jede M.

4. Reihe: 10 fM, 2 Lftm, 2 M der Vor-R übergehen, 14 fM, 2 Lftm, 2 M der Vor-R übergehen, 14 fM, 2 Lftm, 2 M der Vor-R übergehen, 14 fM, 2 Lftm, 2 M der Vor-R übergehen, 10 fM (= 70 fM und 4 Knopflöcher).

5.–7. Reihe: 1 fM in jede M (= 70 fM).

8.– 17. Reihe: 1 Stb in jede M (= 70 Stb).

Untere Rückseite: 71 Lftm in Gelb mit Nadel Nr. 5 anschlagen.

1. Reihe: 1 fM in die 2. Lftm von der Nadel aus, 1 fM in jede Lftm (= 70 M).

2.–7. Reihe: 1 fM in jede M.

8.–32. Reihe: 1 Stb in jede fM (= 70 Stb).

Elefant: Stets fM häkeln, jede Reihe mit 1 Wende-Lftm beginnen, 1 fM in jede fM der Vor-R arbeiten.

11 Lftm in Petrol mit Nadel Nr. 4 anschlagen.

1. Reihe: 1 fM in die 2. Lftm von der Nadel aus, 1 fM in jede Lftm (= 10 M).

2. Reihe: 2 fM in die 1. und in die 2. M der Vor-R, 6 fM, 2 fM in die letzen 2 M der Vor-R (= 14 M).

3. Reihe: 2 fM in die 1. und in die 2. M der Vor-R, 10 fM, 2 fM in die letzen 2 M der Vor-R (= 18 M).

4. Reihe: 2 fM in die 1. M der Vor-R, 16 fM, 2 fM in die letzte M der Vor-R (= 20 M).

5. Reihe: 2 fM in die 1. M der Vor-R, 17 fM, 2 fM in die letzten 2 M der Vor-R (= 23 M).

6. Reihe: 2 fM in die 1. M der Vor-R, 21fM, 2 fM in die letzte M der Vor-R (= 25 M).

7. Reihe: 2 fM in die 1. M der Vor-R, 22 fM, 2 fM in die letzten 2 M der Vor-R (= 28 M).

8. Reihe: 2 fM in die 1. M der Vor-R, 27 fM (= 29 M).

9. Reihe: 2 fM in die 1. M der Vor-R, 27 fM, 2 fM in die letzte M der Vor-R (= 31 M).

10. Reihe: 2 fM in die 1. M der Vor-R, 30 fM (= 32 M).

11. Reihe: 2 fM in die 1. M der Vor-R, 30 fM, 2 fM in die letzte M der Vor-R (= 34 M).

12. Reihe: 2 fM in die 1. M der Vor-R, 33 fM (= 35 M).

13. Reihe: 34 fM, 2 fM in die letzten 2 M der Vor-R (= 36 M).

14. Reihe: 2 fM in die 1. M der Vor-R, 34fM, 2 fM in die letzte M der Vor-R (= 38 M).

15. Reihe: 1 fM in jede M.

16. Reihe: 2 fM in die 1. M der Vor-R, 36 fM, 2 fM in die letzte M der Vor-R (= 40 M).

17. und 18. Reihe: 1 fM in jede M.

19. Reihe: 2 fM in die 1. M der Vor-R, 39 fM (= 41 M).

20. und 21. Reihe: 1 fM in jede M.

22. Reihe: 40 fM, 2 fM in die letzte M der Vor-R (= 42 M).

23. Reihe: 1 fM in jede M.

24. Reihe: 41 fM, 2 fM in die letzte M der Vor-R (= 43 M).

25. Reihe: 2 fM in die 1. M der Vor-R, 42 fM (= 44 M).

26. Reihe: 1 fM in jede M.

Nur Vorderbein und Rüssel weiterarbeiten:

27. Reihe: 2 fM in die 1. M der Vor-R, 23 fM, wenden, die restlichen 20 M unbehäkelt lassen (= 25 M).

28. Reihe: 2 fM zusammen abmaschen, 22 fM, 2 fM in die letzte M der Vor-R (= 25 M).

Nur den Rüssel weiterarbeiten:

29. Reihe: 2 fM in die 1. und in die 2. M der Vor-R, 8 fM, wenden, die restlichen 15 M unbehäkelt lassen(= 12 M).

30. Reihe: 2 fM zusammen abmaschen, 9 fM, 2 fM in die letzte M der Vor-R.

31. Reihe: 2 fM in die 1. M der Vor-R, 9 fM, 2 fM zusammen abmaschen.

32. Reihe: 2 fM zusammen abmaschen, 9 fM, 2 fM in die letzte M der Vor-R.

33. Reihe: 2 fM in die 1. M der Vor-R, 9 fM, 2 fM zusammen abmaschen.

34. Reihe: 2 fM zusammen abmaschen, 9 fM, 2 fM in die letzte M der Vor-R.

35. Reihe: 10 fM, 2 fM zusammen abmaschen (= 11 M).

36. Reihe: 2 fM zusammen abmaschen, 9 fM (= 10 M).

37. Reihe: 8 fM, die letzten 2 M zusammen abmaschen (= 9 M).

38. Reihe: Die 1. und 2. M sowie die 3. und 4. M zusammen abmaschen, 3 fM, die letzten 2 fM zusammen abmaschen (= 6 M). Den Faden abschneiden.

Vorderbein: Die 11. und 12. M aus der 28. R unbehäkelt lassen, neu anschlingen und wie folgt häkeln:
29. Reihe: 1 fM in jede M (= 13 M).
30. Reihe: 2 fM zusammen abmaschen, 9 fM, 2 fM zusammen abmaschen (= 11 M).
31. Reihe: 2 fM zusammen abmaschen, 7 fM, 2 fM zusammen abmaschen (= 9 M).
32.–37. Reihe: 1 fM in jede M.
38. Reihe: 2 fM zusammen abmaschen, 5 fM, 2 fM zusammen abmaschen (= 7 M).
39. Reihe: 2 fM zusammen abmaschen, 3 fM, 2 fM zusammen abmaschen (= 5 M). Den Faden abschneiden.
Hinterbein: Die 26.–30. M aus der 26. R unbehäkelt lassen, neu anschlingen und wie folgt häkeln:
27. Reihe: 1 fM in jede M (= 15 M).
28. Reihe: 13 fM, 2 fM zusammen abmaschen (= 14 M).
29. Reihe: 1 fM in jede M.
30. Reihe: 2 fM zusammen abmaschen, 10 fM, 2 fM zusammen abmaschen (= 12 M).
31. Reihe: 2 fM zusammen abmaschen, 10 fM (= 11 M).
32.–34. Reihe: 1 fM in jede M (= 11 M).
35. Reihe: 9 fM, 2 fM zusammen abmaschen (= 10 M).
36. und 37. Reihe: 1 fM in jede M.
38. Reihe: 2 fM zusammen abmaschen, 6 fM, 2 fM zusammen abmaschen (= 8 M).
39. Reihe: 2 fM zusammen abmaschen, 4 fM, 2 fM zusammen abmaschen (= 6 M). Faden abschneiden.
Ohr: 18 Lftm anschlagen.
1. Reihe: 1 fM in die 2. Lftm von der Nadel aus, 1 fM in jede Lftm (= 17 M).
2.–4. Reihe: 1 fM in jede M.
5. Reihe: 2 fM zusammen abmaschen, 13 fM, 2 fM zusammen abmaschen (= 15 M).
6.–7. Reihe: 1 fM in jede M.

8. Reihe: 2 fM zusammen abmaschen, 11 fM, 2 fM zusammen abmaschen (= 13 M).
9. Reihe: 1 fM in jede M.
10. Reihe: 2 fM zusammen abmaschen, 9 fM, 2 fM zusammen abmaschen (= 11 M).
11. Reihe: 2 fM zusammen abmaschen, 7 fM, 2 fM zusammen abmaschen (= 9 M).
12. Reihe: 2 fM zusammen abmaschen, 5 fM, 2 fM zusammen abmaschen (= 7 M).
13. Reihe: 2 fM zusammen abmaschen, 3 fM, 2 fM zusammen abmaschen (= 5 M). Faden abschneiden.

Das Ohr und den Elefanten mit fM umhäkeln. Dabei für den **Schwanz** zwischen der 11. und 12. R eine Lftm-Kette mit 7 Lftm häkeln, in die 2.–4. Lftm 1 fM, in die 5.–7. Lftm 1 hStb, dann weiter mit fM umhäkeln. Das Ohr auf den Elefanten nähen. Auge und Mund aufsticken.
Fertigstellung: Vorderseite, obere und untere Rückseite aufeinanderlegen (die Knopflöcher sind oben) und mit fM zusammenhäkeln. Den Elefanten aufnähen. Das Kissen mit einer Muschelborte in Gelb umhäkeln. Knöpfe annähen. Fäden vernähen. Das Füllkissen einlegen.

Mein allererstes Bilderbuch

Buch mit Applikationen • Größe: 16 x 16 cm (geschlossen)

Material

- Baumwollmischgarn (60 % Baumwolle, 40 % Polyacryl, LL 140 m/50 g): 150 g Gelb (für die Buchseiten), je 50 g Grün und Orange oder Fuchsia und Petrol (für Herz-Applikation)
- Baumwollgarn (100 % Baumwolle, LL 150 m/50 g): je 50 g Türkis, Orange, Weiß, Grün, Oliv und Zimt, wenig Rot, Schwarz, Limone und Blau (für die Applikationen)
- Häkelnadeln Nr. 3, Nr. 3,5 und Nr. 4
- Karoschleifenband, 70 cm
- Bratschlauch

Grundmuster: Stets fM häkeln, jede Reihe mit 1 Wende-Lftm beginnen, 1 fM in jede fM der Vor-R arbeiten.

Maschenprobe mit Baumwollmischgarn und Nadel Nr. 4: 16 fM und 18 R = 10 x 10 cm

So wird's gemacht

Buchseite (4-mal): 59 Lftm in Gelb mit Nadel Nr. 4 anschlagen.

1. Reihe: 1 fM in die 2. Lftm von der Nadel aus, 1 fM in jede folgende Lftm (= 58 M).

2. Reihe: 1 fM in jede M.

3. Reihe: 1 fM, 2 Lftm, 2 M der Vor-R übergehen, 52 fM, 2 Lftm, 2 M der Vor-R übergehen, 1 fM (= 58 M).

4.–27. Reihe: 1 fM in jede M.

28. Reihe: 1 fM, 2 Lftm, 2 M der Vor-R übergehen, 52 fM, 2 Lftm, 2 M der Vor-R übergehen, 1 fM (= 58 M).

29.–30. Reihe: 1 fM in jede M.

Faden abschneiden.

Insgesamt acht Applikationen arbeiten:

Auto: Siehe Seite 38 (Kinderwagenkette); hier aber nur ein Seitenteil arbeiten und mit fM umhäkeln und nur zwei Räder häkeln.

Bär: Siehe Seite 68 (Tasche für Schnuller); hier die Vorderseite nur bis zur 10. Rd häkeln, mit fM umhäkeln, dann gemäß Anleitung fortfahren.

Schneemann: Siehe Seite 74 (Kinderwagenmuff).

Blume: Siehe Seite 82 (Aufbewahrungs-Pilz).

Pilz: Siehe Seite 76 (Wickeltasche).

Herz: Siehe Seite 80 (Fotoalbum); mit dem Baumwollmischgarn und Nadel Nr. 3,5.

Eule: Siehe Seite 14 (Schlaf- und Strampelsack).

Dino: Siehe Seite 8 (Mütze).

Fertigstellung: Die gelben „Buchseiten" jeweils zur Hälfte falten (Loch auf Loch). Die Applikationen jeweils auf die Vorder- und Rückseite aufnähen. Den Bratschlauch zu vier Quadraten von 13 x 13 cm zurechtschneiden und dazwischenlegen. Offene Kanten mit fM zusammenhäkeln. Die Buchseiten aufeinanderlegen. Das Schleifenband teilen, durch die Löcher ziehen, verknoten und Schleifen binden.

Was macht kleine Bäre
Hüpfen, springen, hopsen

Musik in kleinen Ohren

Käfer mit Spieluhr • Größe: ca. 26 cm hoch

Material

- Schurwollmischgarn (Lauflänge 420 m/150 g): 30 g in Rosa-Pink (Verlaufsgarn)
- Schurwollmischgarn (Lauflänge 150 m/50 g): 25 g in Gelb, 20 g in Pink und ein Rest in Weiß
- Nadelspiel Nr. 3
- Strickliesel mit 4 Ösen
- Sticknadel
- Spieluhr für Puppen zum Einbauen
- Füllwatte (waschbar), ca. 50 g

Glatt rechts: In Hinreihen rechte Maschen, in Rückreihen linke Maschen stricken bzw. in Runden alle Maschen rechts stricken.

Maschenprobe glatt rechts mit dem Verlaufsgarn in Rosa-Pink: 25 Maschen und 35 Reihen = 10 x 10 cm; mit dem Schurwollmischgarn in Gelb: 27 Maschen und 37 Reihen = 10 x 10 cm

So wird's gemacht

Körper: Mit dem Nadelspiel 76 Maschen in Rosa-Pink anschlagen und 40 Runden glatt rechts stricken. In der 41., 43., 45. und 47. Runde auf jeder Nadel gleichmäßig verteilt je 2 Maschen abnehmen (= 44 Maschen). In der 49. Runde die restlichen Maschen abketten.

Kopf: Mit dem Nadelspiel 44 Maschen in Gelb anschlagen und glatt rechts stricken. In der 3., 5. und 7. Runde gleichmäßig verteilt auf jeder Nadel 2 Maschen zunehmen (= 68 Maschen). In der 31., 33. und 35. Runde gleichmäßig verteilt auf jeder Nadel 4 Maschen abnehmen (= 20 Maschen). In der 37. Runde auf jeder Nadel 2 Maschen abnehmen (= 12 Maschen). Nach 38 Runden die restlichen Maschen mit dem Arbeitsfaden fest zusammenziehen, Faden vernähen. ▶

Arm und Bein (je 2-mal): 22 Maschen in Gelb anschlagen und 16 Reihen glatt rechts stricken. In der 17. Reihe fortlaufend 2 Maschen rechts zusammenstricken (= 11 Maschen). Nach 18 Reihen die restlichen Maschen mit dem Arbeitsfaden fest zusammenziehen und die Seitennaht schließen.

Punkt (10-mal): 7 Maschen in Pink anschlagen und 9 Reihen glatt rechts stricken. Die Maschen abketten, den Faden ringsum durch den Rand fädeln und etwas zusammenziehen.

Nase: Als Nase einen der zehn Punkte verwenden.

Fühler: Mit der Strickliesel eine 18 cm lange Kordel in Pink arbeiten.

Fertigstellung: Die Kordel für die Fühler durch den Kopf nach außen ziehen und festnähen. Die beiden Kordelenden jeweils zu einem doppelten Knoten knüpfen. Beim Körper die Abkettreihe zusammennähen. Neun pinkfarbene Punkte mit etwas Füllwatte ausstopfen und auf den Körper nähen. Die Spieluhr innen im Halsbereich mit einem Faden fixieren, dann den Körper mit Füllwatte ausstopfen. Die Anschlagreihe zunähen, dabei das Zugband für die Spieluhr heraushängen lassen. Arme, Beine und Kopf mit Füllwatte ausstopfen, die Nähte schließen und gemäß Foto am Körper annähen. Die Nase ausstopfen und mittig auf dem Kopf platzieren. Zuletzt die Augen im Maschenstich über 2 Maschen in Höhe und Breite aufsticken. Die Mundlinie im Kettenstich und die Lichtpunkte im Knötchenstich ausführen.

Tipp: Gefüllt mit einem Wärmekissen tröstet der niedliche Käfer bei kleinen Wehwehchen. Dazu den Körper nicht zunähen, sondern die Bauchöffnung mit einem Reißverschluss oder mit Klettband verschließen. Aus Baumwollstoff ein passendes Innenkissen nähen und mit Dinkelkörnern befüllen. Das Kissen im Backofen oder auf der Heizung erwärmen und in den Käfer einlegen.

Schnuffel hält warm

Wärmflaschenbezug „Katze" · Größe: ca. 42 cm hoch

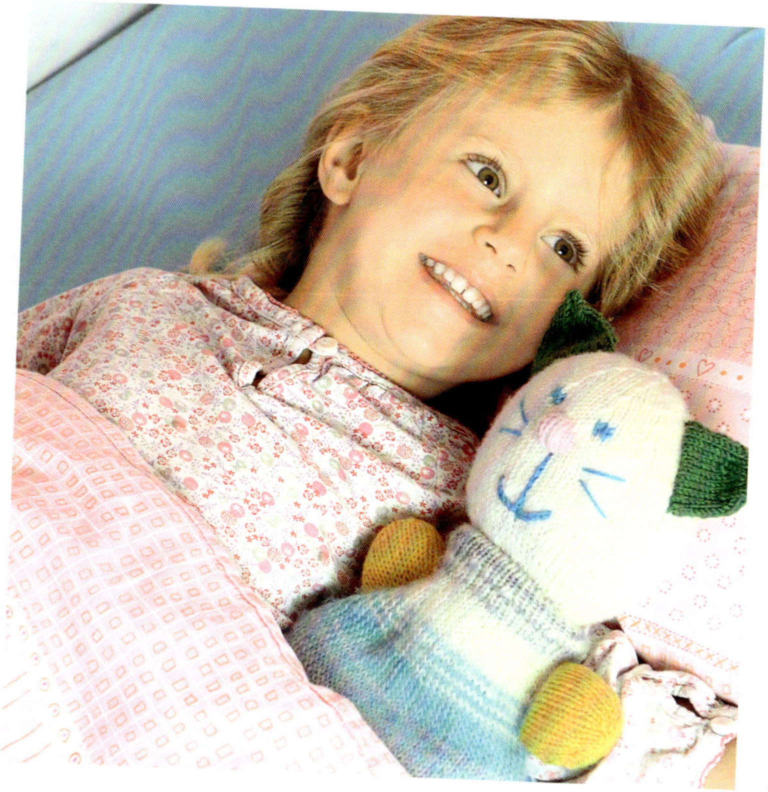

Material

- Schurwollmischgarn (Lauflänge 420 m/150 g): 40 g in Gelb-Grün (Verlaufsgarn)
- Merinowollgarn (Lauflänge 150 m/50 g): je 20 g in Wollweiß und Grün, Reste in Gelb, Türkis, Hellblau und Rosa
- Stricknadel Nr. 3
- Sticknadel
- Reißverschluss in Weiß, 18 cm
- Füllwatte (waschbar), ca. 40 g
- Wärmflasche, ca. 24 cm hoch, 14,5 cm breit

Glatt rechts: In Hinreihen rechte Maschen, in Rückreihen linke Maschen stricken.

Bündchenmuster: 1 Masche rechts, 1 Masche links im Wechsel stricken.

Maschenprobe glatt rechts mit dem Schurwollmischgarn: 25 Maschen und 35 Reihen = 10 x 10 cm; mit dem Merinowollgarn: 27 Maschen und 37 Reihen = 10 x 10 cm

So wird's gemacht

Körper: 76 Maschen in Gelb-Grün anschlagen und glatt rechts stricken, dabei in der 63., 67., 71., 75., 79. und 83. Reihe gleichmäßig verteilt jeweils 7 Maschen abnehmen (= 34 Maschen). In der 95. Reihe alle Maschen abketten.

Kopf: 34 Maschen in Wollweiß anschlagen und glatt rechts stricken. In der 5., 9., 13. und 17. Reihe gleichmäßig verteilt jeweils 10 Maschen zunehmen (= 74 Maschen). In der 35., 39., 43., 47., 49. und 51. Reihe gleichmäßig verteilt jeweils 10 Maschen abnehmen (= 14 Maschen). Nach 52 Reihen die restlichen Maschen mit dem Arbeitsfaden fest zusammenziehen und die rückwärtige Naht zunähen.

Arm und Bein (je 2-mal): 24 Maschen in Gelb (Arm) bzw. in Türkis (Bein) anschlagen und glatt rechts stricken. In der 13. und 17. Reihe gleichmäßig verteilt jeweils 6 Maschen abnehmen (= 12 Maschen). Nach 18 Reihen die Maschen mit dem Arbeitsfaden fest zusammenziehen und die Seitennaht schließen. ▶

Ohr (2-mal): 25 Maschen in Grün anschlagen und 18 Reihen glatt rechts stricken, dabei in der 11., 13., 15. und 17. Reihe gleichmäßig verteilt jeweils 5 Maschen abnehmen (= 5 Maschen). Die Maschen mit dem Arbeitsfaden fest zusammenziehen und die rückwärtige Naht schließen.

Nase: 8 Maschen in Rosa anschlagen und 10 Reihen glatt rechts stricken. Die Maschen abketten, den Faden durch den Rand fädeln und etwas zusammenziehen.

Tasche: 22 Maschen in Grün anschlagen und 6 Reihen im Bündchenmuster stricken. Dann 16 Reihen glatt rechts arbeiten und die Maschen abketten.

Fertigstellung: Am Körper die rückwärtige Naht schließen, dabei 18 cm offen lassen und den Reißverschluss einnähen. Anschließend Anschlag- und Abkettrand zunähen. Alle Teile, bis auf die Ohren, mit Füllwatte ausstopfen und die Öffnungen zunähen. Die Ohren seitlich am Kopf annähen, die Nase mittig platzieren. Gemäß Foto in Türkis die Augen im Maschenstich über 2 Maschen in Breite und Höhe aufsticken. In Hellblau Nasen- und Mundlinie im Kettenstich, die Schnurrhaare im Spannstich arbeiten. Arme, Beine und Kopf am Körper festnähen, die Tasche auf dem Bauch befestigen. Zuletzt eine kleine Wärmflasche einschieben und den Reißverschluss schließen.

Alle Vögel sind schon da ...

Mobile • Größe: 15 cm Durchmesser, 32 cm hoch

Material

- Baumwollgarn (100 % Baumwolle, LL 150 m/50 g): je 50 g Limone, Gelb, Türkis und Orange, wenig Rot und Schwarz
- Häkelnadel Nr. 3
- Füllwatte
- Metallring, Ø 15 cm

Grundmuster: Stets fM in Spiralrunden häkeln, dabei den Rd-Anfang mit einem Kontrastfaden markieren.

Maschenprobe: 22 fM und 26 R = 10 x 10 cm

So wird's gemacht

Vogel in Türkis

Für den Körper 2 Lftm anschlagen.

1. Runde: 6 fM in die 2. Lftm von der Nadel aus häkeln (= 6 M)

2. Runde: Jede M verdoppeln, d. h.: 2 fM in jede fM der Vor-Rd häkeln (= 12 M).

3. Runde: Jede 2. M verdoppeln (= 18 M).

4. Runde: Jede 3. M verdoppeln (= 24 M).

5. Runde: Jede 4. M verdoppeln (= 30 M).

6. Runde: Jede 5. M verdoppeln (= 36 M).

7. Runde: Jede 6. M verdoppeln (= 42 M).

8. Runde: Jede 7. M verdoppeln (= 48 M).

9.–16. Runde: 1 fM in jede M.

17. Runde: fM arbeiten, jede 7. und 8. M zusammen abmaschen bis Rd-Ende (= 42 M).

18. Runde: fM arbeiten, jede 6. und 7. M zusammen abmaschen (= 36 M).

19. Runde: fM arbeiten, jede 5. und 6. M zusammen abmaschen (= 30 M).

20. Runde: fM arbeiten, jede 4. und 5. M zusammen abmaschen (= 24 M).

Den Körper mit Füllwatte ausstopfen.

21. Runde: fM arbeiten, jede 3. und 4. M zusammen abmaschen (= 18 M).

22. Runde: fM arbeiten, jede 2. und 3. M zusammen abmaschen (= 12 M).

Nachstopfen.

23. Runde: fM arbeiten, jede 1. und 2. M zusammen abmaschen (= 6 M).

Faden lang abschneiden, durch die letzten M fädeln und zusammenziehen

Für den Kopf 2 Lftm anschlagen.

1. Runde: 5 fM in die 2. Lftm von der Nadel aus häkeln (= 5 M).

2. Runde: Jede M verdoppeln (= 10 M).

3. Runde: Jede 2. M verdoppeln (= 15 M).

4. Runde: Jede 3. M verdoppeln (= 20 M).

5. Runde: Jede 4. M verdoppeln (= 25 M).

6.–10.Runde: 1 fM in jede M.

11. Runde: fM arbeiten, jede 4. und 5. M zusammen abmaschen bis Rd-Ende (= 20 M).

12. Runde: fM arbeiten, jede 3. und 4. M zusammen abmaschen (= 15 M).

Den Kopf mit Füllwatte ausstopfen.

13. Runde: fM arbeiten, jede 2. und 3. M zusammen abmaschen (= 10 M).

Nachstopfen.

14. Runde: fM arbeiten, jede 1. und 2. M zusammen abmaschen (= 5 M).

Den Faden lang abschneiden, durch die letzten M fädeln und zusammenziehen.

Flügel (2-mal): 8 Lftm anschlagen.

1. Reihe: 1 fM in die 2. Lftm von der Nadel aus, 1 fM in jede folgende Lftm (= 7 M).

2. und 3. Reihe: 1 fM in jede M.

4. Reihe: 2 fM zusammen abmaschen, 3 fM, 2 fM zusammen abmaschen (= 5 M).

5. Reihe: 1 fM in jede M.

6. Reihe: 2 fM zusammen abmaschen, 1 fM, 2 fM zusammen abmaschen (= 3 M)

7. Reihe: 1 fM in jede M.

8. Reihe: Die 3 fM zusammen abmaschen.

Flügel mit fM umhäkeln. Faden abschneiden.

Je einen Vogel in Orange und Gelb arbeiten.

Schnabel (3-mal): 2 Lftm in Rot anschlagen.

1. Reihe: 3 fM in die 2. Lftm von der Nadel aus häkeln (= 3 M).

2.–5. Reihe: 1 fM in jede M.

6. Reihe: Die 3 fM zusammen abmaschen. Faden abschneiden.

In Limone 165 fM um den Metallring häkeln, mit 1 Kettm schließen.

Nächste Runde: fM häkeln, in jede 5. M ein Blatt häkeln (= 6 Lftm, 1 fM in die 2. M von der Nadel, in die nächsten M wie folgt: 1 hStb, 1 Stb, 1 hStb, 1 fM).

Fertigstellung: Je Vogel den Kopf auf den Körper nähen und den Schnabel annähen. Am Ring alle 16 cm mit einen Kontrastfaden eine Markierung machen. Am oberen Rücken der Vögel jeweils eine Lftm-Kette mit 25 Lftm häkeln, dann an den Markierungen an den Ring häkeln (von innen) und nochmals 25 Lftm häkeln. Beim letzten Vogel den Faden nicht abschneiden, sondern die anderen Lftm-Ketten mit auf die Nadel nehmen, dann den Faden durchziehen. Anschließend 10 Lftm für die Schlaufe häkeln und in die Anfangs-Lftm stechen. Fäden vernähen.

Willibald Würmchen

Nackenhörnchen • Größe: ca. 42 cm lang • Stickvorlagen auf Seite 84

Material

- Schurwollmischgarn (Lauflänge 210 m/50 g): Reste in Gelb, Hellgrün, Orange, Hellblau und Blau
- Nadelspiel Nr. 2,5
- Strickliesel mit 4 Ösen
- Sticknadel
- Füllwatte (waschbar), ca. 70 g

Glatt rechts: In Runden alle Maschen rechts stricken.
Maschenprobe glatt rechts: 30 Maschen und 41 Reihen = 10 x 10 cm

So wird's gemacht

Körper und Kopf: Mit Nadelspiel Nr. 2,5 in Hellgrün 72 Maschen anschlagen und 46 Runden glatt rechts stricken. Zu Gelb wechseln und 24 Runden glatt rechts stricken. Anschließend 2 Runden in Orange und 2 Runden in Gelb im Wechsel über 24 Runden stricken. Danach weitere 24 Runden in Hellblau stricken. Die nächsten 24 Runden in Blau mit gelben Punkten arbeiten, dazu in jeder 4. Runde im Wechsel 3 Maschen in Blau und 1 Masche in Gelb stricken. In der folgenden 4. Runde das Muster versetzt anordnen. Dann über 22 Runden je 2 Runden im Wechsel in Gelb und Grün stricken, enden in Gelb. Für das grüne Wurmende in der folgenden Runde 8 Maschen abnehmen. Dazu am Anfang jeder Nadel die 2. und 3. Masche rechts überzogen zusammenstricken und am Ende jeder Nadel die dritt- und zweitletzte Masche rechts zusammenstricken. Diese Abnahmen in jeder 2. Runde noch 6-mal wiederholen (= 16 Maschen). Die Maschen mit dem Arbeitsfaden fest zusammenziehen, den Faden vernähen. Je einen grünen Faden durch die Anschlagreihe und die 46. Runde (Halsansatz) fädeln, sie werden später zum Formen des Kopfes benötigt.

Blumen und Herzen: Nach den Stickvorlagen auf dem gelben Segment vier Blumen in Orange, auf dem hellblauen Segment vier Herzen in Blau im Maschenstich aufsticken. Die Blumen in der 7. Runde beginnen und mit einem Abstand von 8 Maschen zueinander aufsticken, die Herzen in der 10. Runde beginnen und mit einem Abstand von 11 Maschen zueinander arbeiten. ▶

Fühler (2-mal): Mit der Strickliesel zwei gelbe Kordeln von jeweils 3 cm Länge stricken (= ca. 12 Runden).

Nase: Mit der Strickliesel eine gelbe Kordel von etwa 3 cm Länge stricken (= ca. 12 Runden).

Fertigstellung: Kopf und Körper mit Füllwatte ausstopfen. Anschließend den grünen Faden am Kopf und den grünen Faden am Hals zusammenziehen und vernähen. Die beiden Fühler am Kopf annähen. Gemäß Foto das Gesicht aufsticken, Augen und Bäckchen im Plattstich, die Mundlinie im Kettenstich ausführen. Die Kordel für die Nase zur Spirale aufrollen und annähen. Damit das Würmchen auch zum „Hörnchen" wird, zuletzt in einer geraden Linie vom Hals bis zum Wurmende einen Faden durch die Maschen ziehen, anziehen und vernähen.

Tipps: Die gelben Punkte im blauen Segment können auch im Maschenstich aufgestickt werden.
Eifrige Strickerinnen und Stricker sichern mit dem lustigen Würmchen auch Babys Laufställchen oder Gitterbettchen. Mehrere Nackenhörnchen in unterschiedlichen Farben arbeiten und an den Enden noch zusätzlich je ein festes Baumwollband annähen. Die bunten Würmchen von innen an Laufstall oder Bettchen binden und fertig ist die Knautschzone fürs Baby.

Gut gelaunt und griffig!

Greifring „Clown" • Größe: ca. 20 cm hoch

Material

- Schurwollmischgarn (Lauflänge 210 m/50 g): Reste in Wollweiß, Gelb, Orange, Hellblau und Lila
- Nadelspiel Nr. 2,5
- Häkelnadel Nr. 2,5
- Sticknadel
- Füllwatte (waschbar), ca. 25 g

Glatt rechts: In Hinreihen rechte Maschen, in Rückreihen linke Maschen stricken bzw. in Runden alle Maschen rechts stricken.
Maschenprobe glatt rechts: 30 Maschen und 41 Reihen = 10 x 10 cm

So wird's gemacht

Greifring: Mit dem Nadelspiel 32 Maschen in Orange anschlagen und 22 Runden glatt rechts stricken. Dann 42 Runden im Wechsel je 6 Runden in Lila und Hellblau arbeiten. Enden mit 22 Runden in Gelb und die Maschen abketten. Den entstandenen Schlauch mit Füllwatte ausstopfen. Anschlag- und Abkettrundung gegeneinanderlegen und zusammennähen.

Kopf: 32 Maschen in Wollweiß anschlagen und 22 Reihen glatt rechts stricken. Die Maschen mit dem Arbeitsfaden fest zusammenziehen und die rückwärtige Naht schließen. Einen Faden durch die Anschlagreihe ziehen. Den Kopf mit Füllwatte ausstopfen, den Faden fest zusammenziehen und am Greifring annähen. Als Haare 6 cm lange Wollfäden in Orange einknüpfen. Dafür jeden Faden doppelt legen und mit der Häkelnadel zur Hälfte durch eine Masche am Kopf ziehen. Die Fadenenden durch die Schlaufe fädeln und fest anziehen. Den Stirnbereich frei lassen. ▶

Mütze: 32 Maschen in Hellblau anschlagen und im Wechsel je 4 Reihen in Hellblau und 4 Reihen in Gelb glatt rechts stricken. In der 15. und 23. Reihe gleichmäßig verteilt 6-mal je 2 Maschen rechts zusammenstricken. In der 27. und 31. Reihe fortlaufend 2 Maschen rechts zusammenstricken (= 20 Maschen). Über die restlichen 5 Maschen 18 Reihen in Lila stricken. Die Maschen mit dem Arbeitsfaden fest zusammenziehen, die rückwärtige Naht schließen und den Mützenzipfel verknoten. Die Mütze über den Haarkranz ziehen und zu zwei Dritteln am Kopf annähen. Die Mütze mit Füllwatte locker ausstopfen und komplett festnähen.

Arm (2-mal): 20 Maschen in Lila anschlagen und 10 Reihen glatt rechts stricken. Anschließend 4 Reihen in Wollweiß arbeiten. In der nächsten Reihe fortlaufend 2 Maschen rechts zusammenstricken. Die restlichen 10 Maschen mit dem Arbeitsfaden fest zusammenziehen und die Seitennaht schließen. Die Arme mit Füllwatte ausstopfen und seitlich am Greifring annähen.

Nase: 6 Maschen in Orange anschlagen und 6 Reihen glatt rechts stricken, dann die Maschen abketten. Einen Faden durch den Rand fädeln und zusammenziehen. Die Nase ausstopfen und gemäß Foto ins Gesicht nähen.

Fertigstellung: Augen und Mundlinie in Orange gemäß Foto im Spannstich aufsticken.

Tipps: Nach Wunsch kann auch eine Rassel in den Greifring eingearbeitet werden.
Übrigens, mehrere Greifringe, nebeneinander auf eine Schnur oder ein Band gefädelt (durch die Mützen), bilden eine ideale Wagenkette. Die beim Kinderwagenschieben lustig hin und her wippenden Clowns bringen Spaß und Baby hat immer was zum Greifen.

Ein Schlaflied vom Froschkönig

Froschkönig mit Spieluhr · Größe: 16 cm hoch

Material

- Baumwollmischgarn (60 % Baumwolle, 40 % Polyacryl, LL 140 m/50 g): 50 g Grün
- Glanzgarn (50 % Acetat, 25 % Baumwolle, 25 % Polyacryl, LL 125 m/ 50 g): 50 g Gold
- Baumwollgarn (100 % Baumwolle, LL 150 m/50 g): wenig Schwarz, Weiß, Rot und Rosa
- Häkelnadeln Nr. 4 und Nr. 3
- Karoschleifenband, 60 cm
- Spieluhr zum Aufziehen, Füllwatte

Grundmuster: Stets fM in Spiralrunden häkeln, dabei den Rd-Anfang mit einem Kontrastfaden markieren.

Maschenprobe mit Baumwollmischgarn und Nadel Nr. 4: 16 fM und 18 R = 10 x 10 cm

So wird's gemacht

2 Lftm in Grün mit Nadel Nr. 4 anschlagen.

1. Runde: 6 fM in die 2. Lftm von der Nadel aus häkeln (= 6 M).

2. Runde: Jede M verdoppeln, d. h.: 2 fM in jede fM der Vor-Rd häkeln (= 12 M).

3. Runde: Jede 2. M verdoppeln (= 18 M).

4. Runde: Jede 3. M verdoppeln (= 24 M)

5. Runde: Jede 4. M verdoppeln (= 30 M)

6. Runde: Jede 5. M verdoppeln (= 36 M)

7. Runde: Jede 6. M verdoppeln (= 42 M)

8. Runde: Jede 7. M verdoppeln (= 48 M)

9. Runde: Jede 8. M verdoppeln (= 54 M).

10.–19. Runde: 1 fM in jede M.

20. Runde: fM arbeiten, jede 8. und 9. M zusammen abmaschen bis Rd-Ende (= 48 M).

21. Runde: fM arbeiten, jede 7. und 8. M zusammen abmaschen bis Rd-Ende (= 42 M).

22. Runde: fM arbeiten, jede 6. und 7. M zusammen abmaschen bis Rd-Ende (= 36 M).

23. Runde: fM arbeiten, jede 5. und 6. M zusammen abmaschen bis Rd-Ende (= 30 M).

Den Froschkopf mit Füllwatte ausstopfen und die Spieluhr einsetzen.

24. Runde: fM arbeiten, jede 4. und 5. M zusammen abmaschen bis Rd-Ende (= 24 M).

25. Runde: fM arbeiten, jede 3. und 4. M zusammen abmaschen bis Rd-Ende (= 18 M).

26. Runde: fM arbeiten, jede 2. und 3. M zusammen abmaschen bis Rd-Ende (= 12 M).

27. Runde: fM arbeiten, jede 1. und 2. M zusammen abmaschen bis Rd-Ende (= 6 M). Nochmals nachstopfen, Faden lang abschneiden, durch die letzten M fädeln und zusammenziehen.

Äußeres Auge (4-mal): 4 Lftm in Grün mit Nadel Nr. 4 anschlagen, in Reihen häkeln

1. Reihe: 9 Stb in die 4. Lftm von der Nadel aus häkeln (3 Lftm als Ersatz für das 1. Stb), wenden (= 10 Stb).

2. Reihe: 3 Lftm (ersetzen das 1.Stb), 2 Stb in jede M, das letzte Stb in die oberste Lftm der Vor-R), wenden (= 18 M).

3. Reihe: 1 Lftm, 1 fM in jede M, die letzte fM in die oberste Lftm der Vor-R (= 18 M). Faden abschneiden.

Jeweils zwei Augen aufeinanderlegen und rundum zusammenhäkeln.

Inneres Auge (2-mal): 2 Lftm in Schwarz mit Nadel Nr. 3 anschlagen.

1. Runde: 5 fM in die 2. Lftm von der Nadel aus häkeln (= 5 M).

Zu Weiß wechseln:

2. Runde: Jede M verdoppeln (= 10 M).

3. Runde: Jede 2. M verdoppeln (= 15 M). Faden abschneiden.

Bäckchen (2-mal): 2 Lftm in Rosa mit Nadel Nr. 3 anschlagen.

1. Runde: 5 fM in die 2. Lftm von der Nadel aus häkeln (= 5 M).

2. Runde: Jede M verdoppeln (= 10 M). Faden abschneiden.

Krone: 2 Lftm in Gold mit Häkelnadel Nr. 4 anschlagen.

1. Runde: 6 fM in die 2. Lftm von der Nadel aus häkeln (= 6 M).

2. Runde: Jede M verdoppeln (= 12 M).

3. Runde: Jede 2. M verdoppeln (= 18 M).

4. Runde: 1 fM in jede M, dabei stets nur in das hintere M-Glied einstechen.

5. und 6. Runde: 1 fM in jede M.

7. Runde: * [1 fM, 1 hStb] in die 1. M der Vor-Rd, [1 Stb, 1 DStb, 1 Stb] in die nächste M, [1 fM, 1 hStb] in die nächste M, ab * 5-mal wiederholen, mit 1 Kettm in die 1. fM schließen (= 6 Kronenzacken). Faden abschneiden.

Fertigstellung: Je ein inneres Auge auf ein äußeres Auge nähen. Dann das gesamte Auge seitlich rechts und links an den Froschkopf nähen. Den Mund mit Kettenstichen in Rot aufsticken. Links und rechts vom Mund die Bäckchen aufnähen. Die Nasenlöcher in Schwarz mit Plattstich aufsticken. Die Krone oben mittig aufnähen, ein Schleifenband innen durch eine M ziehen und verknoten, zwei Enden zum Aufhängen lassen. Fäden vernähen.

Schüttle den Glückskäfer!

Marienkäfer mit Rassel · Größe: 14 x 17 cm

Material

- Baumwollgarn (100 % Baumwolle, LL 150 m/50 g): je 50 g Schwarz und Rot, wenig Weiß und Zimt
- Häkelnadel Nr. 3
- Füllwatte
- Rassel

Grundmuster: Stets fM häkeln, jede R mit 1 Wende-Lftm beginnen, 1 fM in jede fM der Vor-R arbeiten.

Maschenprobe: 22 fM und 26 R = 10 x 10 cm

So wird's gemacht

Käfer-Oberseite: 11 Lftm in Rot anschlagen.

1. Reihe: 1 fM in die 2. Lftm von der Nadel aus, 1 fM in jede folgende Lftm (= 10 M).

2. Reihe: 2 fM in die 1. M der Vor-R, 8 fM, 2 fM in die letzte M der Vor-R (= 12 M).

3. Reihe: 2 fM in die 1. M der Vor-R, 10 fM, 2 fM in die letzte M der Vor-R (= 14 M).

4. Reihe: 2 fM in die 1. M der Vor-R, 12 fM, 2 fM in die letzte M der Vor-R (= 16 M).

5. Reihe: 2 fM in die 1. M der Vor-R, 14 fM, 2 fM in die letzte M der Vor-R (= 18 M).

6. Reihe: 2 fM in die 1. M der Vor-R, 16 fM, 2 fM in die letzte M der Vor-R (= 20 M).

7. Reihe: 2 fM in die 1. M der Vor-R, 18 fM, 2 fM in die letzte M der Vor-R (= 22 M).

8. Reihe: 1 fM in jede M.

9. Reihe: 2 fM in die 1. M der Vor-R, 20 fM, 2 fM in die letzte M der Vor-R (= 24 M).

10. Reihe: 1 fM in jede M.

11. Reihe: 2 fM in die 1. M der Vor-R, 22 fM, 2 fM in die letzte M der Vor-R (= 26 M).

12. Reihe: 2 fM in die 1. M der Vor-R, 24 fM, 2 fM in die letzte M der Vor-R (= 28 M).

13.–19. Reihe: 1 fM in jede M.

20. Reihe:11 fM, in Schwarz 6 fM, in Rot 11 fM.

21. Reihe: Die ersten 2 M zusammen abmaschen, 6 fM, in Schwarz 12 fM, in Rot 6 fM, die letzten 2 M zusammen abmaschen (= 26 M).

22. Reihe: 4 fM, in Schwarz 18 fM, in Rot 4 fM in jede folgende M (= 26 M).

23. Reihe: in Schwarz 1. und 2. M zusammen abmaschen, 22 fM, die letzten 2 M zusammen abmaschen (= 24 M).

24. Reihe: 2 fM zusammen abmaschen, 20 fM, 2 fM zusammen abmaschen (= 22 M).

25. Reihe: 1 fM in jede folgende M (= 22 M).

26. Reihe: 2 fM zusammen abmaschen, 18 fM, 2 fM zusammen abmaschen (= 20 M).

27. Reihe: 2 fM zusammen abmaschen, 16 fM, 2 fM zusammen abmaschen (= 18 M).

28. Reihe: Die 1. und 2. M und die 3. und 4. M zusammen abmaschen, 10 fM, die 15. und 16. M und die 17. und 18. M zusammen abmaschen (= 14 M).

29. Reihe: 2 fM zusammen abmaschen, 10 fM, 2 fM zusammen abmaschen (= 12 M).

30. Reihe: Die 1. und 2. M und die 3. und 4. M zusammen abmaschen, 4 fM, die 9. und 10. M und die 11. und 12. M zusammen abmaschen (= 8 M).

31. Reihe: 2 fM zusammen abmaschen, 4 fM, 2 fM zusammen abmaschen (= 6 M).

32. Reihe: 2 fM zusammen abmaschen, 2 fM, 2 fM zusammen abmaschen (= 4 M).

In Schwarz mit fM umhäkeln. Dann den Faden abschneiden.

Käfer-Unterseite: Wie die Oberseite, aber nur in Schwarz arbeiten, in Schwarz umhäkeln.

Punkt (6-mal): 2 Lftm in Schwarz anschlagen.

1. Runde: 6 fM in die 2. Lftm von der Nadel aus häkeln (= 6 M).

Auge (2-mal): 2 Lftm in Zimt anschlagen.

1. Runde: 5 fM in die 2. Lftm von der Nadel aus häkeln (= 5 M).

Zu Weiß wechseln:

2. Runde: Jede M verdoppeln (= 10 M). Faden abschneiden.

Bein (6-mal): 4 Lftm in Schwarz anschlagen.

1. Reihe: 1 fM in jede f M (= 3 M).

2. Reihe: 2 fM in die 1. M der Vor-R, 1 fM, 2 fM in die letzte M der Vor-R (= 5 M).

3. Reihe: 1 fM in jede M.

4. Reihe: 2 fM zusammen abmaschen, 1 fM, 2 fM zusammen abmaschen (= 3 M).

5. Reihe: Die restlichen 3 M zusammen abmaschen. Faden abschneiden.

Fertigstellung: In Schwarz mit Kettenstich mittig eine Linie aufsticken. Augen und Punkte aufnähen. Ober- und Unterteil rechts auf rechts legen und zusammennähen, dabei unten einen Schlitz von 4 cm offen lassen. Auf rechts wenden und den Käfer mit Füllwatte ausstopfen, dabei die Rassel einlegen. Den Schlitz schließen, die Beine seitlich annähen. Nasenlöcher und Wimpern in Zimt aufsticken. Fäden vernähen.

Bienchen, summm herum!

Biene mit Rassel • Größe: 16 cm lang

Material

- Baumwollgarn (100 % Baumwolle, LL 150 m/50 g): je 50 g Gelb und Zimt, wenig Weiß, Schwarz und Rot
- Häkelnadel Nr. 3
- Füllwatte
- Rassel

Grundmuster: Stets fM in Spiralrunden häkeln, dabei den Rd-Anfang mit einem Kontrastfaden markieren.

Streifenfolge: Ab der 4. Rd wie folgt häkeln: 3 Rd Zimt, 3 Rd Gelb im Wechsel bis zur 30. Rd.

Maschenprobe: 22 fM und 26 R = 10 x 10 cm

So wird's gemacht

Körper und Kopf: 2 Lftm in Gelb anschlagen.

1. Runde: 6 fM in die 2. Lftm von der Nadel aus häkeln (= 6 M).

2. Runde: Jede M verdoppeln d. h.: 2 fM in jede fM der Vor-Rd häkeln (= 12 M).

3. Runde: Jede 2. M verdoppeln (= 18 M).

4.–30. Runde in der Streifenfolge: 1 fM in jede M.

Den Körper mit Füllwatte ausstopfen.

31. Runde: Jede 2. M verdoppeln (= 27 M).

32. Runde: Jede 3. M verdoppeln (= 36 M).

33. Runde: Jede 4. M verdoppeln (= 45 M).

34.–43. Runde: 1 fM in jede M (= 45 M).

Den Kopf ausstopfen, dabei die Rassel einlegen.

44. Runde: fM arbeiten, jede 2. und 3. M zusammen abmaschen bis Rd-Ende (= 30 M).

45. Runde: fM arbeiten, jede 2. und 3. M zusammen abmaschen (= 20 M).

46. Runde: fM arbeiten, jede 1. und 2. M zusammen abmaschen bis Rd-Ende (= 10 M).

47. Runde: fM arbeiten, jede 1. und 2. M zusammen abmaschen (= 5 M).

Nochmals nachstopfen, Faden lang abschneiden, durch die letzten M fädeln und zusammenziehen.

Flügelpaar: 2 Lftm in Weiß anschlagen, fM in R häkeln, dabei jede Reihe mit 1 Wende-Lftm beginnen.

1. Reihe: 3 fM in die 2. Lftm von der Nadel aus häkeln (= 3 M).

2. Reihe: 2 fM in die 1. M der Vor-R, 1 fM, 2 fM in die letzte M der Vor-R (= 5 M).

3. Reihe: 2 fM in die 1. M der Vor-R, 3 fM, 2 fM in die letzte M der Vor-R (= 7 M).

4. Reihe: 2 fM in die 1. M die Vor-R, 5 fM, 2 fM in die letzte M der Vor-R (= 9 M).

5.–7. Reihe: 1 fM in jede M.

8. Reihe: 2 fM zusammen abmaschen, 5 fM, 2 fM zusammen abmaschen (= 7 M).

9. Reihe: 2 fM zusammen abmaschen, 3 fM, 2 fM zusammen abmaschen (= 5 M).

10. Reihe: 2 fM zusammen abmaschen, 1 fM, 2 fM zusammen abmaschen (= 3 M).

11. Reihe: 1 fM in jede M (= 3 M).

12. Reihe: Wie die 2. R (= 5 M).

13. Reihe: Wie die 3. R (= 7 M).

14. Reihe: Wie die 4. R (= 9 M).

15.–17. Reihe: 1 fM in jede M.

18. Reihe: Wie die 8. R (= 7 M).

19. Reihe: Wie die 9. R (= 5 M).

20. Reihe: Wie die 10. R (= 3 M).

21. Reihe: Die 3 fM zusammen abmaschen.

Faden abschneiden.

Auge (2-mal): 2 Lftm in Schwarz.

1. Runde: 5 fM in der 2. Lftm von der Nadel aus häkeln (= 5 M).

Zu Weiß wechseln:

2. Runde: Jede M verdoppeln (= 10 M).

Faden abschneiden.

Fertigstellung: Das Flügelpaar auf den Rücken nähen. Augen oben seitlich auf den Kopf nähen und den Mund mit Rot aufsticken. Fäden vernähen.

Schnuller-Bär

Tasche für Schnuller • Größe: 11 cm Durchmesser

Material

- Baumwollgarn (100 % Baumwolle, LL 150 m/50 g): je 50 g Zimt und Orange, wenig Weiß und Schwarz
- Häkelnadel Nr. 3
- Reißverschluss in Orange, 20 cm
- kleiner Knopf in Orange

Grundmuster: Stets fM in Spiralrunden häkeln, dabei den Rd-Anfang mit einem Kontrastfaden markieren.

Maschenprobe: 22 fM und 26 R = 10 x 10 cm

So wird's gemacht

Vorderseite Bär: 2 Lftm in Zimt anschlagen

1. Runde: 6 fM in die 2. Lftm von der Nadel aus häkeln (= 6 M).

2. Runde: Jede M verdoppeln, d. h.: 2 fM in jede fM der Vor-Rd häkeln (= 12 M).

3. Runde: Jede 2. M verdoppeln (= 18 M).

4. Runde: Jede 3. M verdoppeln (= 24 M).

5. Runde: Jede 4. M verdoppeln (= 30 M).

6. Runde: Jede 5. M verdoppeln (= 36 M).

7. Runde: Jede 6. M verdoppeln (= 42 M).

8. Runde: Jede 7. M verdoppeln (= 48 M).

9. Runde: Jede 8. M verdoppeln (= 54 M).

10. Runde: Jede 9. M verdoppeln (= 60 M).

11. Runde: Jede 10. M verdoppeln (=66 M).

12. Runde: Jede 11. M verdoppeln (= 72 M).

13. Runde: Jede 12. M verdoppeln (= 78 M).

14. Runde: 1 fM in jede M, dabei stets nur in das hintere M-Glied einstechen (= 78 M).

15.–20. Runde: 1 fM in jede M. Faden abschneiden.

Rückseite Bär:

1.–17. Runde: Wie die Vorderseite arbeiten. Faden abschneiden.

Schnauze: 2 Lftm in Orange anschlagen.

1. Runde: 8 fM in die 2. Lftm von der Nadel aus häkeln (= 8 M).

2. Runde: Jede M verdoppeln (= 16 M).

3. Runde: Jede 2. M verdoppeln (= 24 M).

4. Runde: Jede 3. M verdoppeln (= 32 M).

5. Runde: 1 fM in jede M. Faden abschneiden.

Nase: 2 Lftm in Schwarz anschlagen.

1. Runde: 5 fM in die 2. Lftm von der Nadel aus häkeln (= 5 M).

2. Runde: Jede M verdoppeln (= 10 M). Faden abschneiden.

Außenohr (2-mal): 4 Lftm in Zimt anschlagen.

1. Reihe: 9 Stb in die 4. Lftm von der Nadel aus häkeln (3 Lftm ersetzen das 1. Stb), wenden (= 10 Stb).

2. Reihe: 3 Lftm (als Ersatz für das 1. Stb), 2 Stb in jede M, das letzte Stb in die oberste Lftm der Vor-R, wenden (= 18 Stb).

3. Reihe: 1 Lftm, 1 fM in jede M, die letzte fM in die oberste Lftm der Vor-R (= 18 fM).

Innenohr (2-mal): 2 Lftm in Orange anschlagen.

1. Runde: 5 fM in die 2. Lftm von der Nadel aus häkeln (= 5 M).

2. Runde: Jede M verdoppeln (= 10 M).

Das innere Ohr auf das äußere Ohr nähen. Faden abschneiden.

Auge (2-mal): 2 Lftm in Schwarz anschlagen.

1. Runde: 5 fM in die 2. Lftm von der Nadel aus häkeln (= 5 M).

2. Runde in Weiß: Jede M verdoppeln (= 10 M). Faden abschneiden.

Lasche: 7 Lftm in Zimt anschlagen; jede R mit 1 Wende-Lftm beginnen, 1fM in jede fM der Vor-R arbeiten.

1. Reihe: 1 fM in die 2. Lftm von der Nadel aus, 1 fM in jede folgende Lftm (= 6 M).

2.–37. Reihe: 1 fM in jede M.

38. Reihe: 2 fM, 2 Lftm häkeln und 2 M der Vor-R übergehen, 2 fM (= 6 M).

39. Reihe: 1 fM in jede M.

40. Reihe: Die 1. und 2. M, die 3. und 4. M, die 5. und 6. M zusammen abmaschen (= 3 M). Die Lasche mit fM umhäkeln, dann den Faden abschneiden.

Fertigstellung: Die Nase auf die Schnauze nähen und den Mund aufsticken. Augen und Schnauze auf die Vorderseite nähen, die Ohren etwas seitlich annähen. Den Reißverschluss oben zwischen Vorder- und Rückseite einnähen, die restliche Kante von Vorder- und Rückseite zusammennähen. Die Lasche oben an die Rückseite nähen und den Knopf anbringen. Fäden vernähen.

Socke frisst alles

Wäsche- oder Spielzeugsammler • Größe: ca. 50 cm hoch

Material

- Baumwollmischgarn (Lauflänge 140 m/50 g): 50 g in Sand und Hellblau, je 20 g in Gelb und Grün, Reste in Weiß und Schwarz
- Stricknadel Nr. 4
- Nadelspiel Nr. 4
- Sticknadel
- Reißverschluss in Hellblau, 20 cm
- Nähgarn in Hellblau
- Füllwatte (waschbar), ca. 50 g

Glatt rechts: In Hinreihen rechte Maschen, in Rückreihen linke Maschen stricken bzw. in Runden alle Maschen rechts stricken.
Maschenprobe glatt rechts: 18 Maschen und 26 Reihen = 10 x 10 cm

So wird's gemacht

Körper: 70 Maschen in Hellblau anschlagen und glatt rechts stricken. Nach 4 Reihen 2 Reihen in Grün arbeiten. Anschließend wieder 4 Reihen in Hellblau und danach 2 Reihen in Gelb stricken. Diese Streifen 6-mal arbeiten (= 72 Reihen), dabei in der 45., 51., 57., 63. und 69. Reihe gleichmäßig verteilt jeweils 8 Maschen abnehmen (= 30 Maschen). Noch 4 Reihen in Hellblau anschließen, dann in der 76. Reihe die restlichen Maschen abketten.

Kopf: 30 Maschen in Sand anschlagen und glatt rechts stricken, dabei in der 3., 5., 7. und 9. Reihe gleichmäßig verteilt jeweils 6 Maschen zunehmen (= 54 Maschen). In der 23., 25., 27., 29., 31., 33. und 35. Reihe gleichmäßig verteilt jeweils 6 Maschen abnehmen (= 12 Maschen). In der 37. Reihe die restlichen Maschen abketten.

Ohr (2-mal): Mit dem Nadelspiel 24 Maschen in Sand anschlagen und glatt rechts stricken. In der 25. Runde gleichmäßig verteilt 8 Maschen abnehmen (= 16 Maschen). In der 27. und 29. Runde jeweils 4 Maschen abnehmen (= 8 Maschen). Nach insgesamt 30 Runden die restlichen Maschen mit dem Arbeitsfaden fest zusammenziehen. ▶

Nase: 11 Maschen in Schwarz anschlagen und 10 Reihen glatt rechts stricken. In der 11. Reihe die Maschen abketten und den Faden rundherum durch den Rand fädeln, fest zusammenziehen und mit Füllwatte ausstopfen. Die Öffnung zunähen.

Arm (2-mal): 20 Maschen in Hellblau anschlagen und 40 Reihen glatt rechts stricken. Daran anschließend für die Pfote weitere 18 Reihen in Sand arbeiten, dabei in der 55. und 57. Reihe fortlaufend 2 Maschen rechts zusammenstricken (= 5 Maschen). Die restlichen Maschen mit dem Arbeitsfaden fest zusammenziehen. Die Seitennaht schließen. Einen Faden durch das Handgelenk fädeln.

Socken: Für die gestreifte Socke mit dem Nadelspiel 24 Maschen in Gelb anschlagen und über 16 Runden im Wechsel 4 Runden in Gelb und 4 Runden in Grün glatt rechts stricken. Anschließend über die ersten 12 Maschen wie folgt die Ferse in Gelb arbeiten: 12 Maschen rechts stricken, wenden, 1 Masche abheben, 11 Maschen links stricken, wenden, 1 Masche abheben, 10 Maschen rechts stricken. So weiterarbeiten, bis nur noch die mittleren 4 Maschen auf der Nadel gestrickt sind. Weiterstricken, dabei am Ende jeder Reihe 1 der abgehobenen Maschen wieder mitstricken, bis wieder alle 12 Maschen gestrickt sind. Um Löcher zu vermeiden, die abgehobene Masche mit dem Querfaden aufnehmen und abstricken. Weiter im Streifenmuster 17 Runden über alle 24 Maschen arbeiten. Für die Spitze in der folgenden Runde fortlaufend 2 Maschen rechts zusammenstricken (= 12 Maschen). Die nächste Runde ohne Abnahmen stricken. Dann wieder fortlaufend 2 Maschen rechts zusammenstricken (= 6 Maschen). Die restlichen Maschen mit dem Arbeitsfaden fest zusammenziehen, Faden vernähen. Für die gepunktete Socke in Grün beginnen und in jeder 4. Runde im Wechsel 3 Maschen in Grün, 1 Masche in Gelb arbeiten. Ferse und Spitze in Gelb ausführen.

Fertigstellung: Die rückwärtige Naht am Körper schließen, dabei 20 cm offen lassen und den Reißverschluss einnähen. Anschließend Anschlag- und Abkettrand zunähen. Den Abkettrand und die rückwärtige Naht am Kopf schließen, mit Füllwatte ausstopfen und den unteren Rand zunähen. Die Nase mittig aufnähen. Die Augen im Maschenstich über 2 Maschen in Breite und Höhe in Schwarz aufsticken. Die Mundlinie gemäß Foto in Schwarz im Kettenstich, die Lichtpunkte der Augen in Weiß im Knötchenstich ausführen. Auf ein Ohr im Maschenstich einen grünen Flicken 5 Maschen breit und 6 Maschen hoch aufsticken; die Anschlagkante zunähen, dabei das Gestrick etwas zusammenziehen und seitlich am Kopf annähen. Das andere Ohr ebenso annähen. Die Arme und die Socken ausstopfen und die Öffnungen schließen, beim Arm den Faden am Handgelenk etwas zusammenziehen. Zuletzt Kopf, Arme und Socken am Körper annähen.

Für frostige Tage

Kinderwagen-Muff • Größe: 41 x 40 cm (20 cm zur Hälfte gefaltet)

Material

- Merinowollgarn (50 % Merino-Schurwolle, 50 % Polyacryl, LL 80 m/50g): 200 g Zyklam und 50 g Petrol
- Baumwollgarn (100 % Baumwolle, LL 150 m/50 g): 50 g Weiß, wenig Limone, Türkis, Rot, Blau, Orange und Schwarz
- Häkelnadeln Nr. 5 und 3
- 6 Druckknöpfe zum Annähen

Grundmuster: Stets fM häkeln, jede R mit 1 Wende-Lftm beginnen.

Rüschenrand: **1. Reihe:** 1 fM, in jede M 3 DStb häkeln, 1 fM.

Maschenprobe mit Merinowollgarn und Nadel Nr. 5: 14 fM und 17 R = 10 x 10 cm

So wird's gemacht

Hauptteil Muff: 51 Lftm in Zyklam mit Nadel Nr. 5 anschlagen.

1. Reihe: 2 fM in die 2. Lftm von der Nadel aus, 48 fM, 2 fM in die letzte Lftm (= 52 M).

2. Reihe: 2 fM in die 1. M der Vor-R, 50 fM, 2 fM in die letzte M der Vor-R (= 54 M).

3. Reihe: 2 fM in die 1. M der Vor-R, 52 fM, 2 fM in die letzte M der Vor-R (= 56 M).

4. Reihe: 2 fM in die 1. M der Vor-R, 54 fM, 2 fM in die letzte M der Vor-R (= 58 M).

5. Reihe: 2 fM in die 1. M der Vor-R, 56 fM, 2 fM in die letzte M der Vor-R (= 60 M).

6.–65. Reihe: 1 fM in jede fM.

66. Reihe: 2 fM zusammen abmaschen, 56 fM, 2 fM zusammen abmaschen (= 58 M).

67. Reihe: 2 fM zusammen abmaschen, 54 fM, 2 fM zusammen abmaschen (= 56 M).

68. Reihe: 2 fM zusammen abmaschen, 52 fM, 2 fM zusammen abmaschen (= 54 M).

69. Reihe: 2 fM zusammen abmaschen, 50 fM, 2 fM zusammen abmaschen (= 52 M).

70. Reihe: 2 fM zusammen abmaschen, 48 fM, 2 fM zusammen abmaschen (= 50 M). Faden abschneiden.

Seitenteil Muff (4-mal): Die ersten 5 bzw. die letzten 5 R frei lassen und an der linken bzw. rechten Seite neu anschlingen.

1.–3. Reihe: 1 fM in jede M (= 24 M).

4.–6. Reihe: fM häkeln, jeweils die ersten 2 fM und die letzten 2 fM zusammen abmaschen (= 18 M).

Schneemann: Stets fM in Spiral-Rd häkeln, den Rd-Anfang mit einem Kontrastfaden markieren.

Körper: 2 Lftm in Weiß mit Häkelnadel Nr. 3 anschlagen.

1. Runde: 5 fM in die 2. Lftm von der Nadel aus häkeln (= 5 M).

2. Runde: Jede M verdoppeln, d. h.: 2 fM in jede fM der Vor-Rd häkeln (= 10 M).

3. Runde: Jede 2. M verdoppeln (= 15 M).

4. Runde: Jede 3. M verdoppeln (= 20 M).

5. Runde: Jede 4. M verdoppeln (= 25 M).

6. Runde: Jede 5. M verdoppeln (= 30 M).

7. Runde: 1 fM in jede M. Faden abschneiden.

Kopf: 2 Lftm in Weiß mit Häkelnadel Nr. 3 anschlagen.

1. Runde: 5 fM in die 2. Lftm von der Nadel aus häkeln (= 5 M).

2. Runde: Jede M verdoppeln (= 10 M).

3. Runde: Jede 2. M verdoppeln (= 15 M).

4. Runde: Jede 3. M verdoppeln (= 20 M).

5. Runde:1 fM in jede M. Faden abschneiden.

Mütze: Streifenfolge ab der 1. R wie folgt: 1 R Limone, 1 R Türkis im Wechsel.

7 Lftm in Limone mit Nadel Nr. 3 anschlagen.

1. Reihe: 1 fM in die 2. Lftm von der Nadel aus, 1 fM in jede folgende Lftm (= 6 M).

2. Reihe: 1 fM in jede M.

3. Reihe: 2 fM zusammen abmaschen, 2 fM, 2 fM zusammen abmaschen (= 4 M).

4. Reihe: 2 fM zusammen abmaschen, 2 fM zusammen abmaschen (= 2 M).

5. Reihe: 1 fM in jede M.

6. Reihe: Die 2 fM zusammen abmaschen. Faden abschneiden.

Bommel: Mit Rot in die Spitze der Mütze häkeln: 1 Lftm, 2 Stb, 1 Lftm, 1 Kettm in die Spitze.

Schal: 9 Lftm in Blau mit Nadel Nr. 3 anschlagen. **1. Reihe:** 4 fM, 4 Lftm, in die 2. Lftm von der Nadel aus und in die folgenden 2 Lftm (von den 4 zuvor gehäkelten Lftm) je 1 fM häkeln (= 1. Schalende); 1 fM in die nächste Lftm (von den 9 Lftm), 4 Lftm, wieder in die 2. Lftm von der Nadel aus und in folgenden 2 Lftm (von den 4 zuvor gehäkelten Lftm) je 1 fM häkeln (= 2. Schalende); 1 fM in die nächsten 4 Lftm (von den 9 Lftm).

Kopf auf den Körper nähen. Mütze und Schal aufnähen. Mund, Nase und Augen aufsticken.

Fertigstellung: Den Muff in Petrol mit fM umhäkeln. An der oberen und unteren Kante (von Seitenteil zu Seitenteil) den Rüschenrand häkeln. Je 2 Druckknöpfe auf die Seiten nähen und 2 Druckknöpfe oben je 18 cm von den Seiten (ohne Seitenteil rechnen) annähen. Schneemann aufnähen. Fäden vernähen.

Immer alles dabei!

Wickeltasche • Größe: ca. 27 x 44 cm

Material

- Baumwollmischgarn (60 % Baumwolle, 40 % Polyacryl, LL 140 m/50 g): 450 g Hellblau
- Baumwollgarn (100 % Baumwolle, LL 150 m/50 g): wenig Rot, Weiß und Oliv
- Häkelnadel Nr. 4 und Nr. 3
- 2 Knöpfe in Rot
- Fenstermalfolie, 0,4 mm stark, 13 x 44 cm

Grundmuster: Stets fM häkeln, jede R mit 1 Wende-Lftm beginnen.

1 M zunehmen: **Am R-Anfang:** 2 fM in die 1. M der Vor-R; **am R-Ende:** 2 fM in die letzte M der Vor-R.

1 M abnehmen: **Am R-Anfang:** Die ersten 2 M zusammen abmaschen; **am R-Ende:** Die letzten 2 M zusammen abmaschen.

Maschenprobe mit Baumwollmischgarn und Nadel Nr. 4: 16 fM und 18 R = 10 x 10 cm

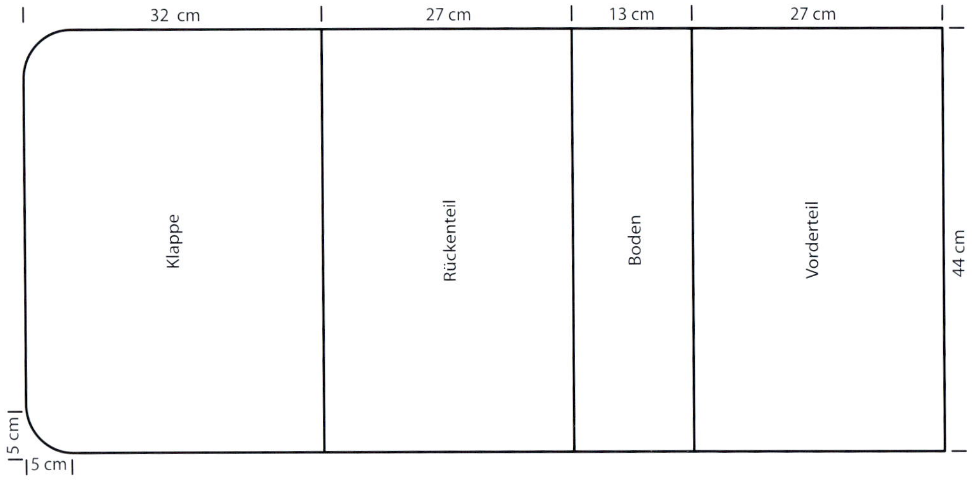

So wird's gemacht

Taschenkörper (Vorderseite, Boden, Rückseite, Klappe): 71 Lftm in Hellblau mit Nadel Nr. 4 anschlagen.

1. Reihe: 1 fM in die 2. Lftm von der Nadel aus, 1 fM in jede Lftm (= 70 M).

2.–50. Reihe: 1 fM in jede M.

51. Reihe: 1 fM in jede M, dabei nur in das hintere M-Glied stechen.

52.–74. Reihe: 1 fM in jede M.

75. Reihe: 1 fM in jede M, dabei nur in das hintere M-Glied stechen.

76.–125. Reihe: 1 fM in jede M.

126. Reihe: 1 fM in jede M, dabei nur in das hintere M-Glied stechen.

127.–180. Reihe: 1 fM in jede M.

181.–184. Reihe: Beidseitig je 1 M abnehmen (= 62 M).

185. Reihe: 1 M abnehmen, 6 fM, 2 Lftm häkeln und 2 M der Vor-R übergehen (= 1. Knopfloch), je 1 fM in die nächsten 42 M, 2 Lftm häkeln und 2 M der Vor-R übergehen (= 2. Knopfloch), 6 fM, 1 M abnehmen (= 60 M).

186.–188. Reihe: Beidseitig je 1 M abnehmen (= 54 M). Faden abschneiden.

Seitenteile und Trageriemen: 21 Lftm mit Nadel Nr. 4 anschlagen.

1. Reihe: 1 fM in die 2. Lftm von der Nadel aus, 1 fM in jede Lftm (= 20 M). **2.–50. Reihe:** 1 fM in jede M. **51.–55. Reihe:** Beidseitig je 1 M abnehmen (= 10 M). **56.–155. Reihe:** 1 fM in jede M. **156.–160. Reihe:** Beidseitig je 1 M zunehmen (= 20 M). **161.–210. Reihe:** 1 fM in jede M. Faden abschneiden.

Zweiter Boden: 71 Lftm anschlagen.

1. Reihe: 1 fM in die 2. Lftm von der Nadel aus, 1 fM in jede Lftm (= 70 M). **2.–23. Reihe:** 1 fM in jede M. Faden abschneiden.

Seitentasche (2-mal): 21 Lftm anschlagen.

1. Reihe: 1 fM in die 2. Lftm von der Nadel aus, 1 fM in jede Lftm (= 20 M). **2. Reihe:** Beidseitig je 1 M zunehmen. **3.–10. Reihe:** Die 1. und 2. R stets wiederholen (= 30 M).

11.–40. Reihe: 1 fM in jede M.

Faden abschneiden.

Kleiner Pilz: Für den Hut in Rot 10 Lftm mit Nadel Nr. 3 anschlagen. **1. Reihe:** 1 fM in die 2. Lftm von der Nadel aus, 1 fM in jede Lftm (= 9 M). **2. Reihe:** Beidseitig je 1 M abnehmen (= 7 M). **3. Reihe:** 1 fM in jede M. **4. und 5. Reihe:** Beidseitig je 1 M abnehmen (= 3 M). **6. Reihe:** Die 3 M zusammen abmaschen.

Für den Stiel in Weiß am Hut anschlingen.

1. Reihe: 5 fM häkeln. **2. und 3. Reihe:** 1 fM in jede M. **4. Reihe:** Beidseitig je 1 M zunehmen

(= 7 M). **5. und 6. Reihe**: 1 fM in jede M. Faden abschneiden.

Großer Pilz: Für den Hut in Rot 12 Lftm anschlagen. **1. Reihe:** 1 fM in die 2. Lftm von der Nadel aus, 1 fM in jede Lftm (= 11 M). **2. Reihe:** Beidseitig je 1 M abnehmen (= 9 M). **3. Reihe:** 1 fM in jede M. **4. Reihe:** Beidseitig je 1 M abnehmen (= 7 M). **5. Reihe:** 1 fM in jede M. **6. und 7. Reihe:** Beidseitig je 1 M abnehmen (= 3 M). **8. Reihe:** Die 3 M zusammen abmaschen.

Für den Stiel in Weiß am Hut anschlingen.

1. Reihe: 7 fM häkeln. **2. und 3. Reihe:** 1 fM in jede M. **4. Reihe:** Beidseitig je 1 M zunehmen (= 9 M). **5.–8. Reihe:** 1 fM in jede M. Faden abschneiden

Fertigstellung: Seitenteile zwischen Vorderseite, Rückseite und Boden setzen, mit fM umhäkeln und dabei miteinander verbinden. Boden auf Boden legen, festnähen, eine Öffnung lassen, die Folie einlegen, dann komplett schließen. Innen die Seitentaschen annähen. Obere Kante, Klappe und Trageriemen mit fM umhäkeln. Pilze aufnähen und Gras aufsticken. Knöpfe annähen. Fäden vernähen.

Ein Pilz für unterwegs

Flaschenwärmer · Größe: 21 cm hoch

Material

- Merinowollgarn (100 % Merino-Schurwolle, LL 95 m/25 g): je 50 g Rot und Weiß
- Häkelnadel Nr. 3,5
- kleiner Knopf in Rot

Grundmuster: Stets fM in Spiralrunden häkeln, dabei den Rd-Anfang mit einem Kontrastfaden markieren.

Maschenprobe: 21 fM und 22 R = 10 x 10 cm

So wird's gemacht

Stiel: 2 Lftm in Weiß anschlagen.

1. Runde: 6 fM in die 2. Lftm von der Nadel aus häkeln (= 6 M).

2. Runde: Jede M verdoppeln, d. h.: 2 fM in jede fM der Vor-Rd häkeln (= 12 M).

3. Runde: Jede 2. M verdoppeln (= 18 M).

4. Runde: Jede 3. M verdoppeln (= 24 M).

5. Runde: Jede 4. M verdoppeln (= 30 M).

6. Runde: Jede 5. M verdoppeln (= 36 M).

7. Runde: Jede 6. M verdoppeln (= 42 M).

8. Runde: Jede 7. M verdoppeln (= 48 M).

9. Runde: 1 fM in jede M, dabei nur in das hintere M-Glied stechen.

11.–37. Runde: 1 fM in jede M.

38. Runde: Jede 11. und 12. M zusammen abmaschen (= 44 M).

39.–40. Runde: 1 fM in jede M.

Faden abschneiden.

Hut: 2 Lftm in Rot anschlagen.

1. Runde: 5 fM in die 2. Lftm von der Nadel aus häkeln (= 5 M).

2. Runde: 1 fM in jede M.

3. Runde: Jede M verdoppeln (= 10 M).

4. Runde: 1 fM in jede M.

5. Runde: Jede 2. M verdoppeln (= 15 M).

6. Runde: 1 fM in jede M.

7. Runde: Jede 3. M verdoppeln (= 20 M).

8. Runde: Jede 4. M verdoppeln (= 25 M).

9. Runde: Jede 5. M verdoppeln (= 30 M).

10. Runde: Jede 6. M verdoppeln (= 35 M).

11. Runde: Jede 7. M verdoppeln (= 40 M).

12.–13. Runde: 1 fM in jede M.

14. Runde: Jede 8. M verdoppeln (= 45 M).

15.–16. Runde: 1 fM in jede M.

17. Runde: Jede 9. M verdoppeln (= 50 M).

18.–19. Runde: 1 fM in jede M.

20. Runde: Jede 10. M verdoppeln (= 55 M).

21.–25. Runde: 1 fM in jede M.

26. Runde: Picots häkeln: 1 fM, * 3 Lftm, 1 fM in die 3. Lftm, 1 fM der Vor-Rd übergehen, 1 fM in die nächste M, ab * bis Rd-Ende stets wiederholen. Faden abschneiden.

Schlaufe: Am Hutrand in Rot anschlingen, 10 Lftm, 1 Kettm in dieselbe Einstichstelle. Faden abschneiden.

Fertigstellung: Auf den Pilzhut mit Kettenstichen Punkte in Weiß aufsticken. Den Hut an den Stiel (etwa zur Hälfte) annähen (zwischen der 23. und 24. Rd), darauf achten dass die Schlaufe vorne mittig liegt. Knopf annähen. Fäden vernähen.

So klein warst du mal ...

Fotoalbum • Größe: 35 x 32 cm

Material

- Baumwollmischgarn (60 % Baumwolle, 40 % Polyacryl, LL 140 m/50 g): 250 g Gelb, je 50 g Grün, Orange, Fuchsia und Petrol
- Merinowollgarn (50 % Merino-Schurwolle, 50 % Polyacryl, LL 80 m/50g): 50 g dunkles Gelb
- Häkelnadel Nr. 3,5
- Fotoalbum, 35 x 32 cm

Grundmuster: Stets fM häkeln, jede R mit 1 Wende-Lftm beginnen.

Maschenprobe mit Baumwollmischgarn und Nadel Nr. 3,5: 16 fM und 18 R = 10 x 110 cm

So wird's gemacht

Hülle für das Fotoalbum: 287 Lftm in Gelb anschlagen.

1. Reihe: 1 fM in die 2.Lftm von der Nadel aus, 1 fM in jede folgende Lftm (= 286 M).

2.–73. Reihe: 1 fM in jede M.

Herz (1-mal in Grün, 1-mal in Orange): 2 Lftm anschlagen.

1. Reihe: 3 fM in die 2. Lftm von der Nadel aus häkeln (= 3 M).

2. Reihe: 2 fM in die 1. M der Vor-R, 1 fM, 2 fM in die letzte M der Vor-R (= 5 M).

3. Reihe: 2 fM in die 1. M der Vor-R, 3 fM, 2 fM in die letzte M der Vor-R (= 7 M).

4. Reihe: 2 fM in die 1. M der Vor-R, 5 fM, 2 fM in die letzte M der Vor-R (= 9 M).

5. Reihe: 2 fM in die 1. M der Vor-R, 7 fM, 2 fM in die letzte M der Vor-R (= 11 M).

6. Reihe: 2 fM in die 1. M der Vor-R, 9 fM, 2 fM in die letzte M der Vor-R (= 13 M).

7.–9. Reihe: 1 fM in jede M.

10. Reihe: 5 fM häkeln, wenden, die restlichen 7 M unbehäkelt lassen (= 6 M).

11. Reihe: 2 fM zusammen abmaschen, 2 fM, 2 fM zusammen abmaschen (= 4 M).

12. Reihe: 2 fM zusammen abmaschen, 2 fM zusammen abmaschen (= 2 M).

Die 7. M aus der 9. R unbehäkelt lassen, neu anschlingen und die 10.–12. R wiederholen (= 2. Herzhälfte).

Das Herz in Grün mit fM in Petrol, das Herz in Orange mit fM in Fuchsia umhäkeln, dabei jeweils in die Herzspitze 3 fM häkeln.

Fertigstellung: Beide Seiten je ca. 15 cm nach innen umschlagen. Die Fotoalbumhülle mit Schurwollgarn in dunklem Gelb mit fM umhäkeln, dabei die Seiten und das Vorderteil zusammenhäkeln. Beide Herzen auf die Vorderseite nähen. Die Hülle auf das Fotoalbum ziehen. Die Vorderklappe aufschlagen und am inneren Rand mit dem Schurwollgarn in dunklem Gelb anschlingen, 60 Lftm häkeln, mit 1 Kettm am unteren Rand befestigen. Fäden vernähen.

Dekorativ verstaut

Aufbewahrungs-Pilz • Größe: 35 cm hoch, 34 cm breit

Material

- Baumwollmischgarn (60 % Baumwolle, 40 % Polyacryl, LL 140 m/50 g): 150 g Weiß, 100 g Fuchsia und 50 g Grün
- Baumwollgarn (100 % Baumwolle, LL 150 m/50 g): je 50 g Türkis und Limone
- Häkelnadeln Nr. 4 und Nr. 3
- 1 Knopf
- 1 Kleiderbügel für Kinder

Grundmuster: Stb häkeln, jede R mit 3 Wende-Lftm als Ersatz für das 1. Stb beginnen, 1 Stb in jedes Stb der Vor-R häkeln, das letzte Stb in die oberste Wende-Lftm arbeiten.

1 M zunehmen:

Am R-Anfang: 3 Lftm als Ersatz für das 1. Stb, 2 Stb in die folgende M.

Am R-Ende: 2 Stb in die folgende M, 1 Stb in die oberste Wende-Lftm der Vor-R.

1 M abnehmen:

Am R-Anfang: 3 Lftm als Ersatz für das 1. Stb, und 2 Stb zusammen abmaschen.

Am R-Ende: 2 Stb zusammen abmaschen, 1 Stb in die oberste Wende-Lftm der Vor-R.

Maschenprobe mit Baumwollmischgarn und Nadel Nr. 4: 20 Stb und 10 R = 10 x 10 cm

So wird's gemacht

Rückseite Pilz: 57 Lftm in Grün mit Nadel Nr. 4 anschlagen.

1. Reihe: 1 Stb in die 4. Lftm von der Nadel aus, 1 Stb in jede Lftm (= 55 Stb).

2. Reihe: 1 Stb in jedes Stb.

Zu Weiß wechseln:

3.–7. Reihe: 1 Stb in jedes Stb.

8. Reihe: Am R-Anfang und R-Ende je 1 M abnehmen (= 53 Stb).

9. Reihe: 1 Stb in jedes Stb.

10.–13. Reihe: Die 8. R und 9. R 2-mal wiederholen (= 49 Stb).

14.–23. Reihe: 1 Stb in jedes Stb.

24. Reihe: Am R-Anfang und R-Ende je 1 M zunehmen (= 51 Stb).

Zu Fuchsia wechseln:

25. Reihe: Am R-Anfang und R-Ende je 2 M zunehmen (= 55 Stb).

26. Reihe: Am R-Anfang und R-Ende je 1 M zunehmen (= 57 Stb).

27.–29. Reihe: 1 Stb in jedes Stb (= 57 Stb).

30. Reihe: Am R-Anfang und R-Ende je 2 M abnehmen (= 53 Stb).

31. und 32. Reihe: Die 30. R 2-mal wiederholen (= 45 Stb).

33. Reihe: Am R-Anfang und R-Ende je 3 M abnehmen (= 39 Stb).

34.–37. Reihe: Die 33. R 4-mal wiederholen (= 15 Stb).

38. Reihe: Am R-Anfang und R-Ende je 1 M abnehmen (= 13 Stb).

Faden abschneiden.

Vorderseite Pilzstiel: 57 Lftm in Grün mit Nadel Nr. 4 anschlagen.

1.–24. Reihe: Wie die 1.–24. R der Rückseite Pilz arbeiten (= 51 Stb).

25. Reihe: 1 fM in jedes Stb (= 51 fM).

26. Reihe: Am R-Anfang und R-Ende je 1 fM verdoppeln (= 55 fM).

Faden abschneiden.

Vorderseite Pilzhut: 56 Lftm in Fuchsia mit Nadel Nr. 4 anschlagen.

1. Reihe: 1 fM in die 2. Lftm von der Nadel aus, 1 fM in jede Lftm (= 55 M)

2. Reihe: 1 fM in jede M.

3.–15. Reihe: Wie die 26.–38. R bei der Rückseite Pilz arbeiten (= 13 Stb).

Faden abschneiden.

Blume: 2 Lftm in Limone mit Nadel Nr. 3 anschlagen.

1. Runde: 5 fM in die 2. Lftm von der Nadel aus häkeln (= 5 M).

2. Runde: Jede fM verdoppeln (= 10 M).

3. Runde: Jede 2. fM verdoppeln (= 15 M).

4. Runde: 1 Lftm, * 5 Lftm, 2 fM der Vor-R übergehen, 1 fM, ab * 4-mal wiederholen (= 5 Bogen).

5. Runde: [1 fM,1 hStb, 2 Stb, 2 DStb, 2 Stb, 1 hStb, 1 fM, 1 Kettm] in jeden Lftm-Bogen (= 5 Blütenbogen).

Fertigstellung: Vorderseite Pilzstiel und Vorderseite Hut auf die Rückseite Pilz legen, darauf achten, dass obere Kante des Stiels und untere Kante des Hutes (2 fM-R) übereinanderliegen. Seitennähte und Boden zusammennähen, die oberen 13 M frei lassen. Auf das vordere Stielteil das Gras mit großen Kettenstichen aufsticken. Knopf und Blume annähen. Fäden vernähen. Kleiderbügel ins obere Hutteil ein- und durchziehen.

Stickvorlagen und Schnittmuster

Freddy Frosch

Stickvorlage Auge

	X	X	X	
X	X	X	X	X
X	O	O	O	X
X	O	O	X	X
X	O	O	O	X
X	O	O	O	X
X	O	O	O	X

- ☐ = Strickgrund in Grün
- X = Maschenstich in Weiß
- O = Maschenstich in Schwarz

Willibald Würmchen

Stickvorlagen Herz und Blume

	X	X		X	X	
X	X	X		X	X	X
X	X	X	X	X	X	X
X	X	X	X	X	X	X
	X	X	X	X	X	
		X	X	X		
			X			

- ☐ = Strickgrund in Hellblau
- X = Maschenstich in Blau

			X	X		X	X		
		X	X	X	X	X	X	X	
		X	X	X	X	X	X	X	
			X	X	X	X	X		
	X	X	X				X	X	X
X	X	X	X		X		X	X	X
X	X	X	X		X		X	X	X
	X	X	X				X	X	X
			X	X	X	X	X		
		X	X	X	X	X	X	X	
		X	X	X	X	X	X	X	
			X	X		X	X		

- ☐ = Strickgrund in Gelb
- X = Maschenstich in Orange

Kuschelzeit

Leggings:

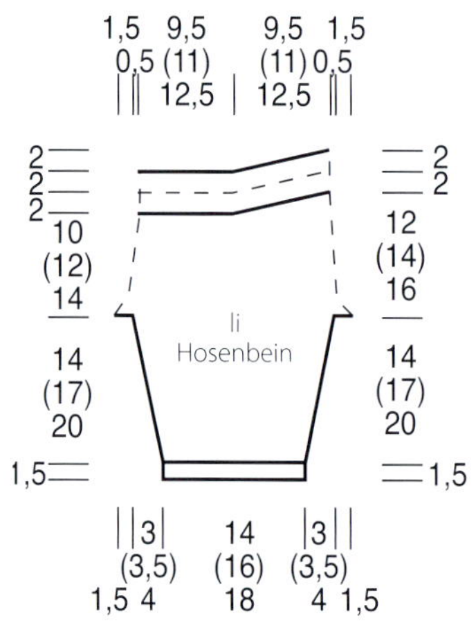

Tunika:

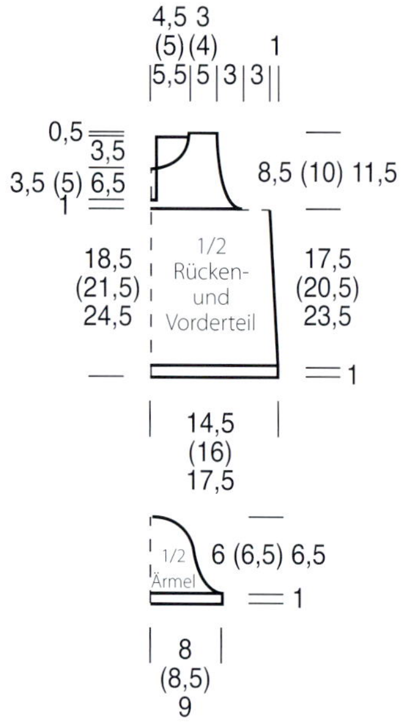

Lustig in Gestreift

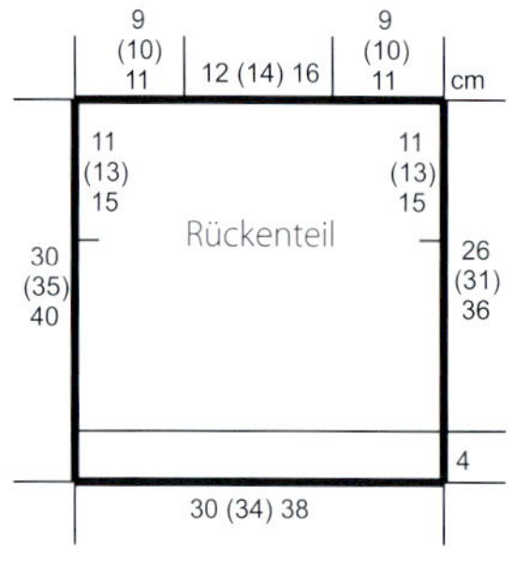

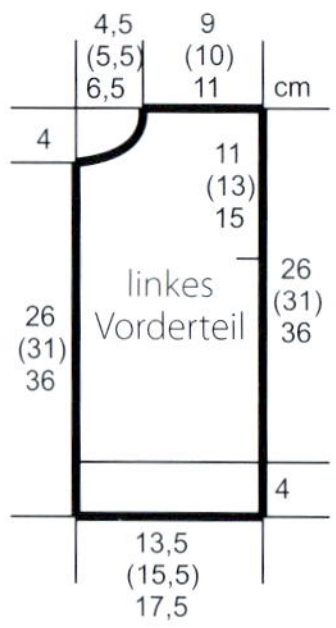

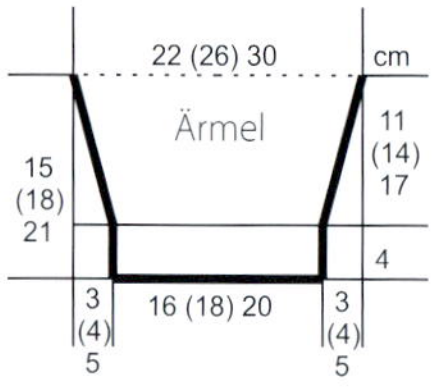

Kleine Prinzessin

Ajourmuster über 15 M:

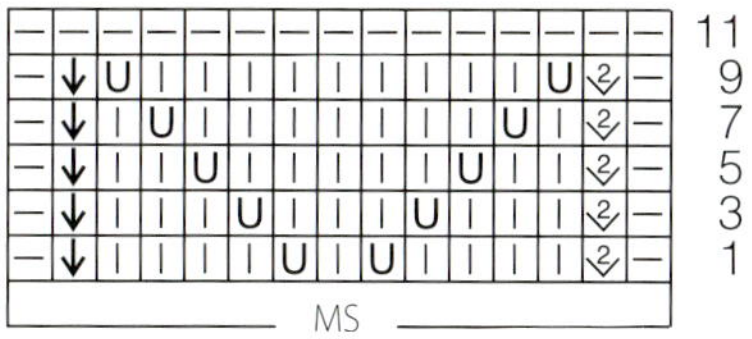

Rück-R/gerade Rd: M str, wie sie erscheinen, U li/re str.
1. – 12. R/Rd 1 x arb.

Zeichenerklärung:

- = 1 M re
- = 1 M li
- = 1 Überzug: 1 M abheben, 1 M re str und die abgehobene M darüberziehen
- = 1 Umschlag
- = 2 M re zustr

Kleid:

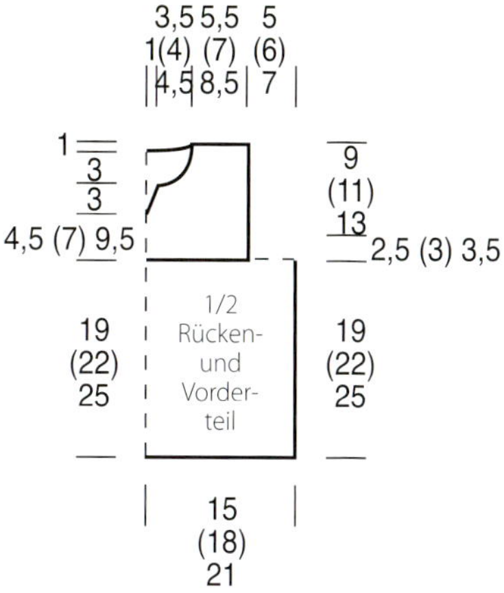

Windelhose:

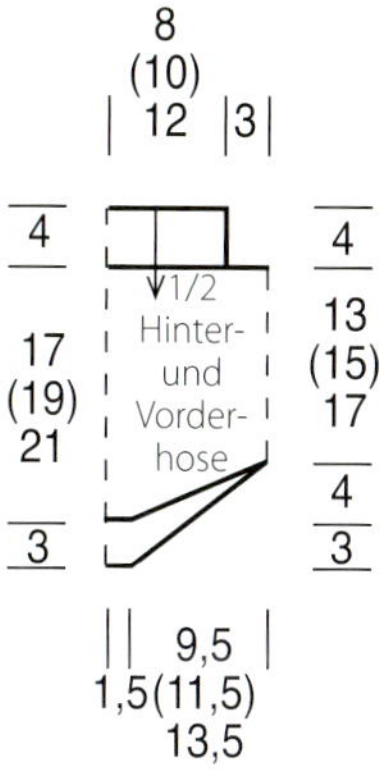

Kuschelweich

Overall

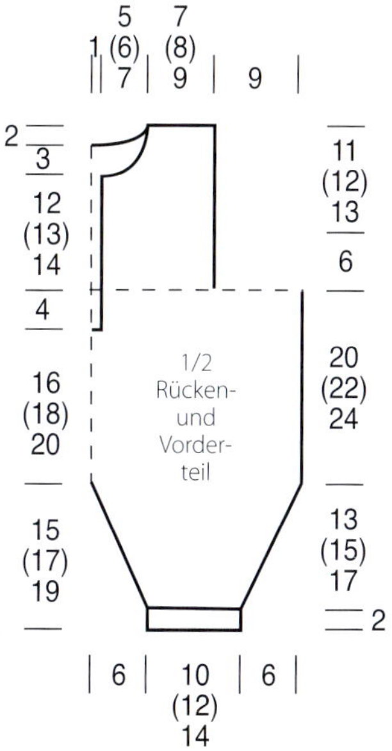

Zeichenerklärung:

- = 1 M re
- = 1 M li
- = 1 M li abheben, dabei den Faden hinter der Arbeit langführen
- = 1 M li abheben, dabei den Faden vor der Arbeit langführen

Reliefmuster über 8 M

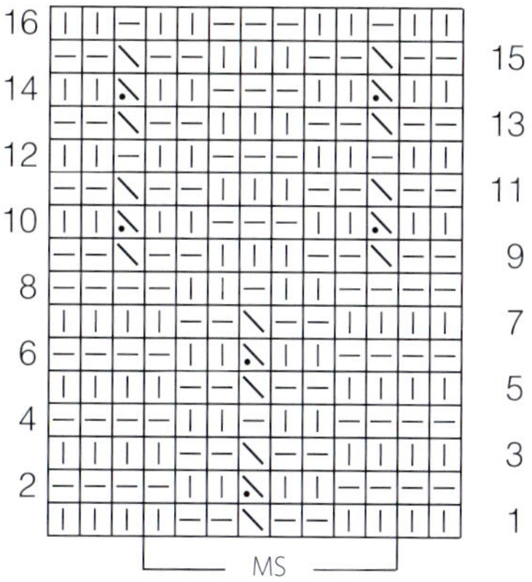

1. – 16. R stets wdh.

Grundkurs Häkeln

Luftmaschenanschlag

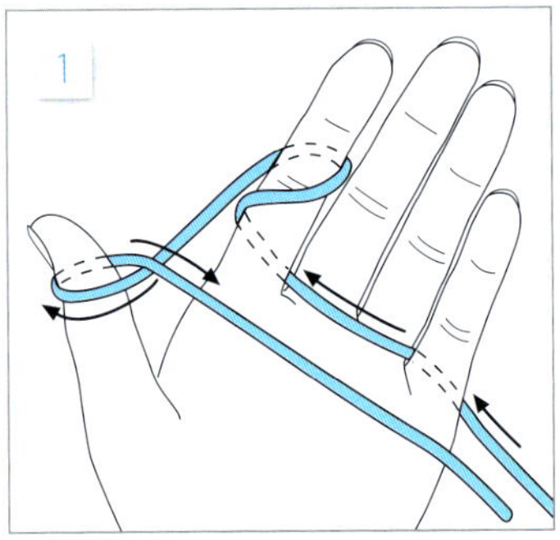

Den Faden wie im Bild gezeigt um die linke Hand legen.

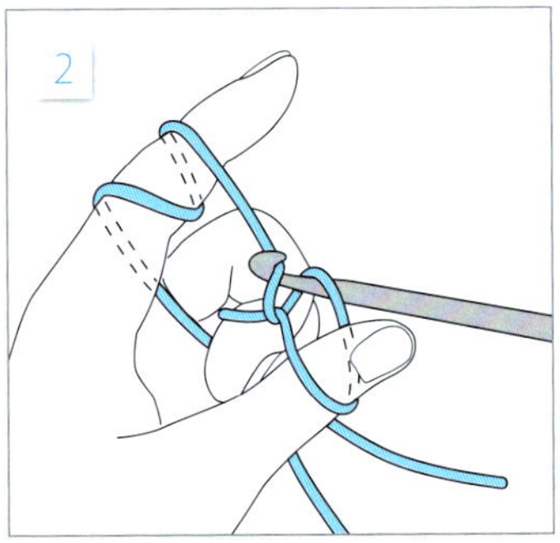

Die Nadel von unten in die Daumenschlinge schieben. Den Faden erfassen und durchziehen. Daumen aus der Schlinge nehmen. Der Anschlagsknoten und eine Schlinge sind fertig.

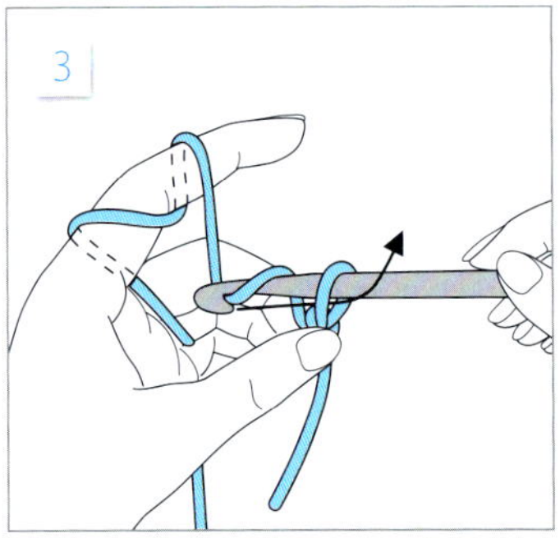

Den Anschlagsknoten mit Daumen und Mittelfinger halten, den Faden vom Zeigefinger mit der Nadel erfassen …

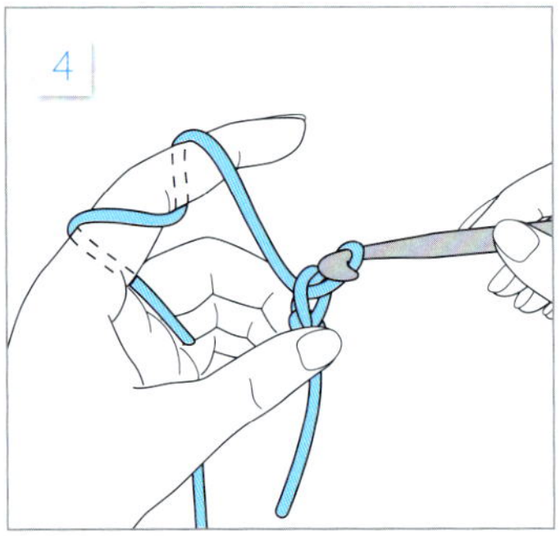

… und durch die Schlinge ziehen. Die erste Luftmasche ist fertig. Die Schritte 3 und 4 stets wiederholen, bis die gewünschte Luftmaschenzahl erreicht ist.

Feste Maschen

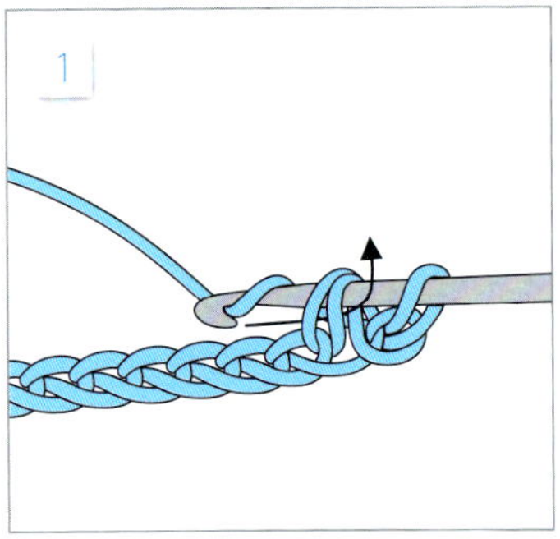

In die vorgesehene Masche einstechen und den Faden von hinten nach vorn um die Nadel legen.

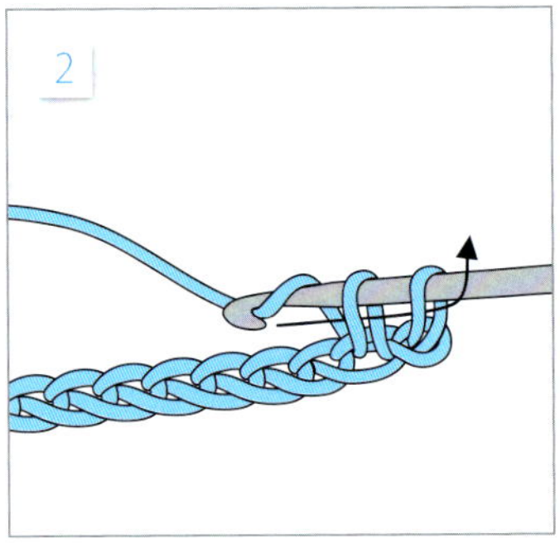

Den Umschlag durchziehen. Den Faden erneut um die Nadel legen und nun durch beide Schlingen ziehen.

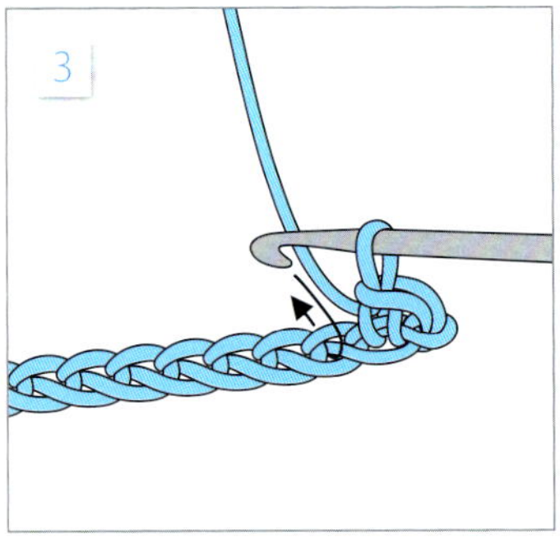

Die 1. feste Masche ist fertig. Die Schritte 1 und 2 so oft wiederholen, bis die Reihe beendet ist.

1 feste Masche am Rand zunehmen

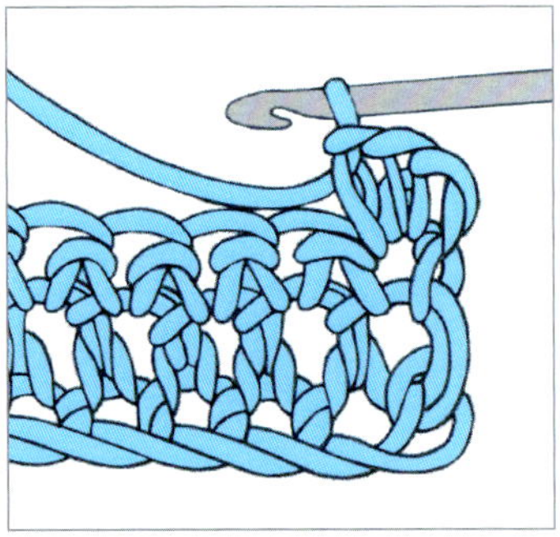

Am Anfang bzw. am Ende der Reihe in die 1. bzw. letzte Masche der Vorreihe 2 feste Maschen häkeln.

2 feste Maschen zusammen abmaschen

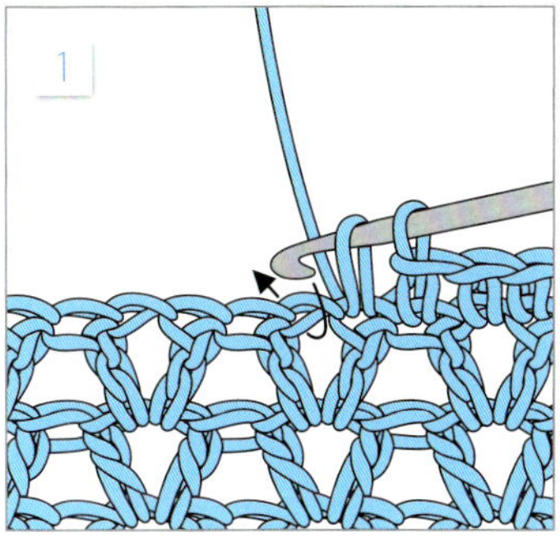

Die 1. feste Masche wie gewohnt beginnen: In die Masche einstechen, den Faden um die Nadel legen und durchholen. Es liegen 2 Schlingen auf der Nadel. Diese jedoch nicht wie gewohnt abmaschen, sondern in die nächste Einstichstelle einstechen.

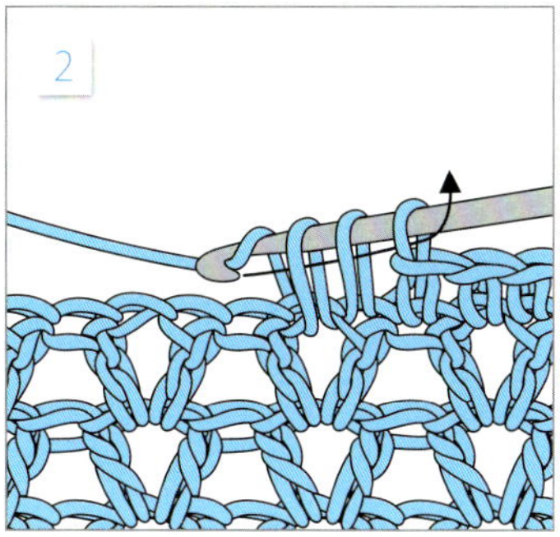

Den Faden um die Nadel legen und durchholen. Es liegen nun 3 Schlingen auf der Nadel. Den Faden wieder um die Nadel legen und durch alle 3 Schlingen ziehen, d. h. beide feste Maschen zusammen abmaschen.

Feste Masche ins hintere Maschenglied

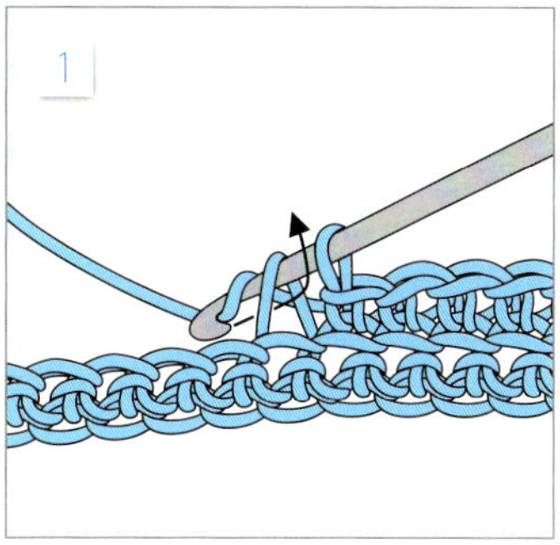

Beim Einstechen in die Masche der Vorreihe darauf achten, dass stets nur das hintere Maschenglied erfasst wird.

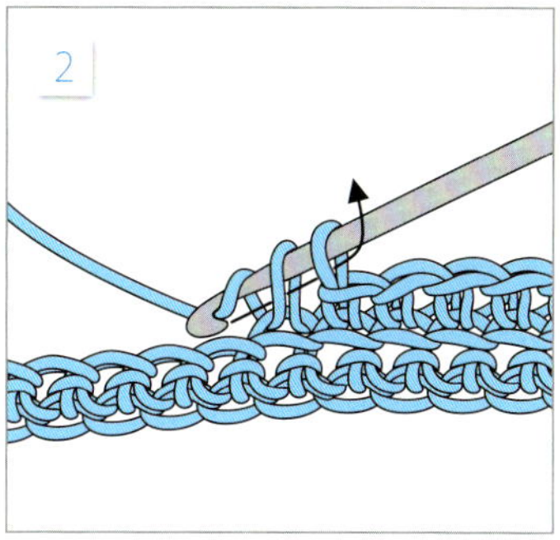

Nun wie bei allen festen Maschen den Faden erneut um die Nadel legen und durch beide Schlingen ziehen.

Kettmasche

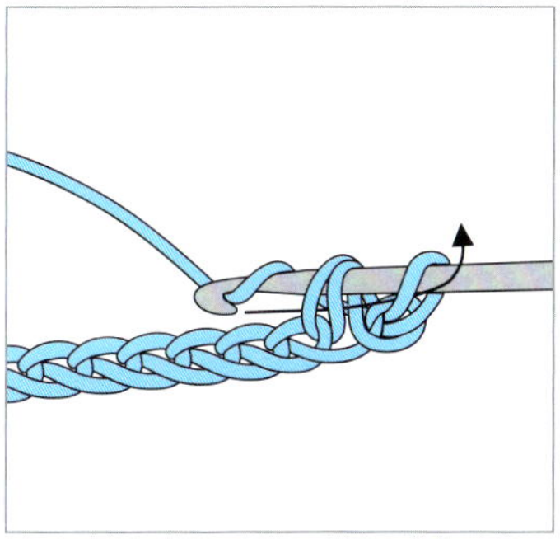

In die vorgesehene Masche einstechen, den Faden um die Nadel legen und durch alle Schlingen auf der Nadel ziehen.

Halbe Stäbchen

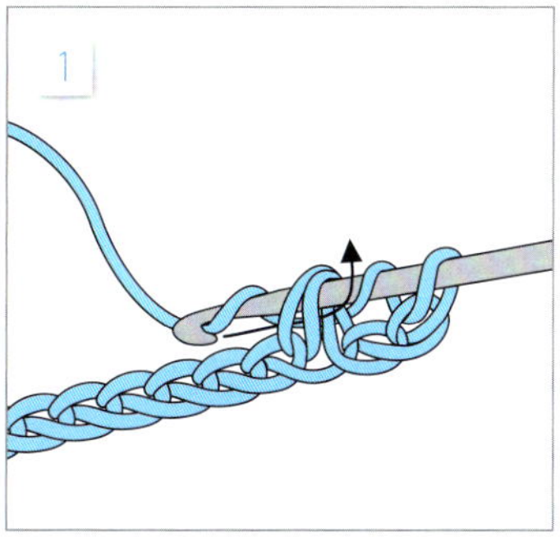

Einen Umschlag um die Nadel legen und in die vorgesehene Masche einstechen. Den Faden um die Nadel legen und diesen Umschlag durch die Masche ziehen.

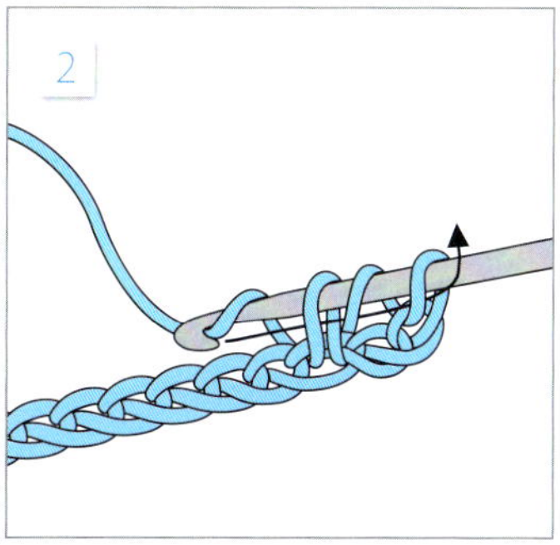

Den Faden wieder um die Nadel legen und den Umschlag durch alle Schlingen ziehen.

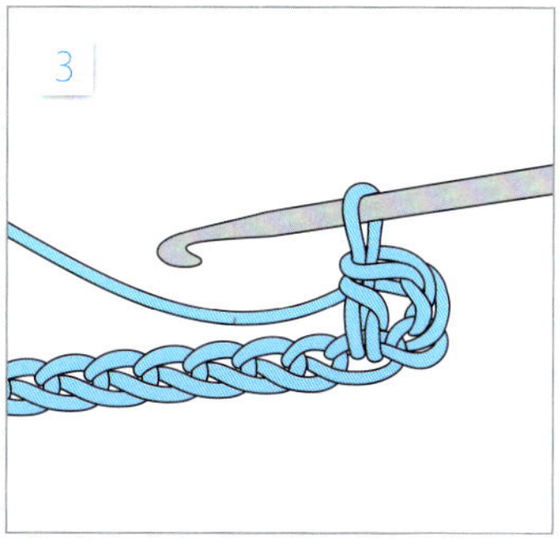

Nun ist das 1. halbe Stäbchen fertig. So oft wiederholen, bis die Reihe beendet ist.

Stäbchen

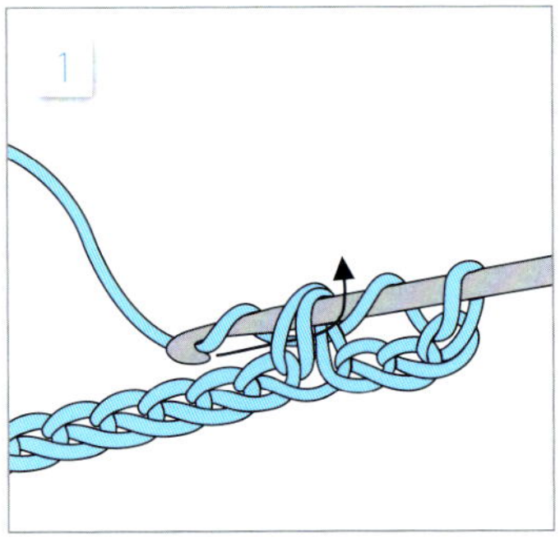

Einen Umschlag um die Nadel legen und in die vorgesehene Masche einstechen. Den Faden nochmals um die Nadel legen und durch die Masche ziehen. Den Faden wieder um die Nadel legen.

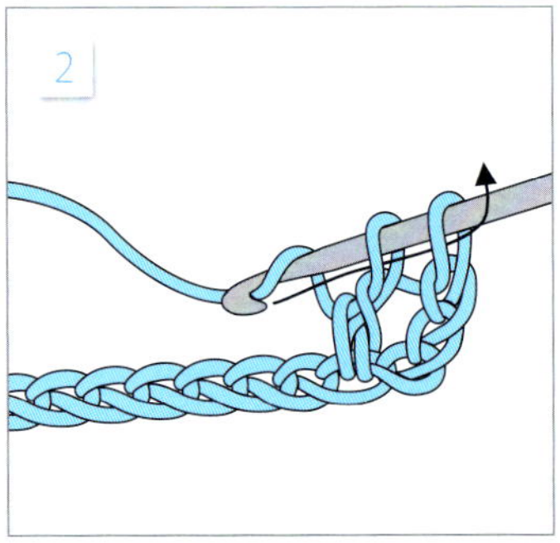

Diesen Umschlag durch 2 auf der Nadel liegende Schlingen ziehen. Den Faden wieder um die Nadel legen.

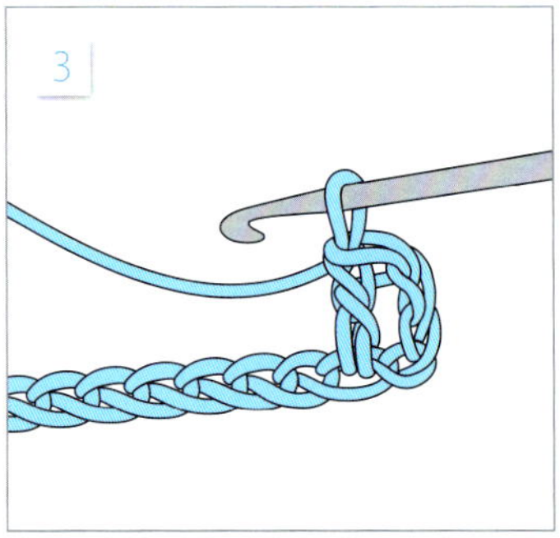

Diesen Umschlag durch beide Schlingen ziehen. Das Stäbchen ist fertig. Die Schritte 1 bis 3 so oft wie benötigt wiederholen.

2 Stäbchen zusammen abmaschen

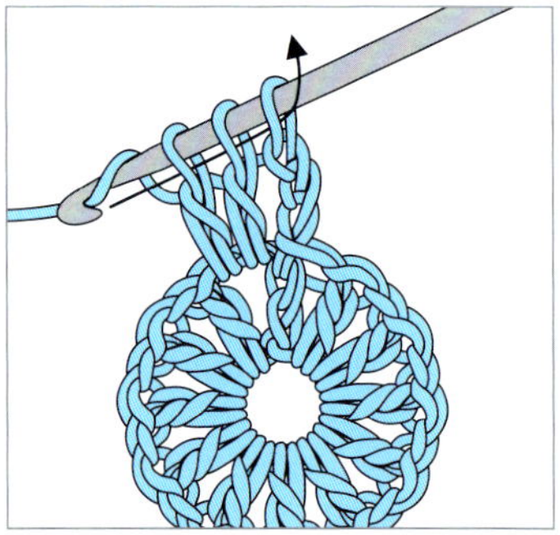

Ein Stäbchen häkeln, aber nur 1-mal 2 Schlingen abmaschen. Dann das 2. Stäbchen nur so weit wie das 1. Stäbchen arbeiten. Mit 1 Umschlag den Faden durch alle 3 Schlingen ziehen.

Doppelstäbchen

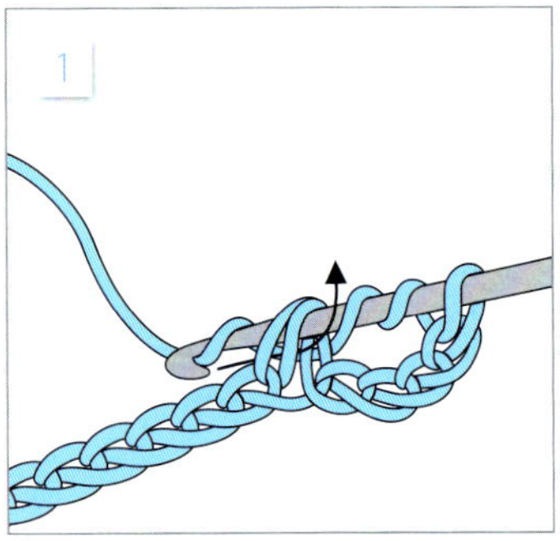

2 Umschläge um die Nadel legen und in die vorgesehene Masche einstechen. Den Faden erfassen und durch die Masche ziehen. Es sind 4 Schlingen auf der Nadel.

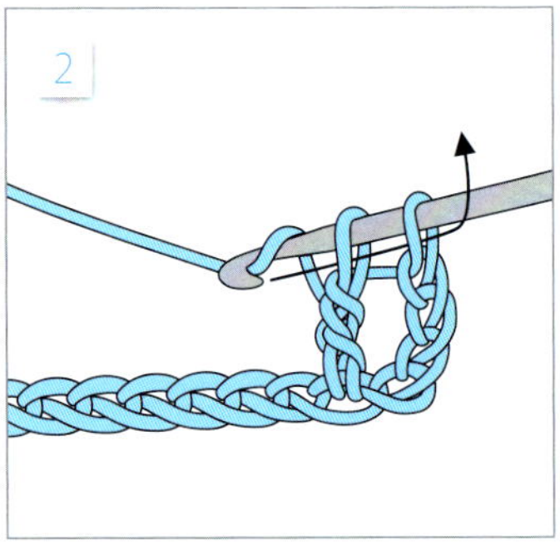

Einen neuen Umschlag durch die ersten 2 Schlingen ziehen. Einen weiteren Umschlag durch die nächsten 2 Schlingen ziehen und dann einen Umschlag durch die letzten beiden Schlingen.

In Runden häkeln

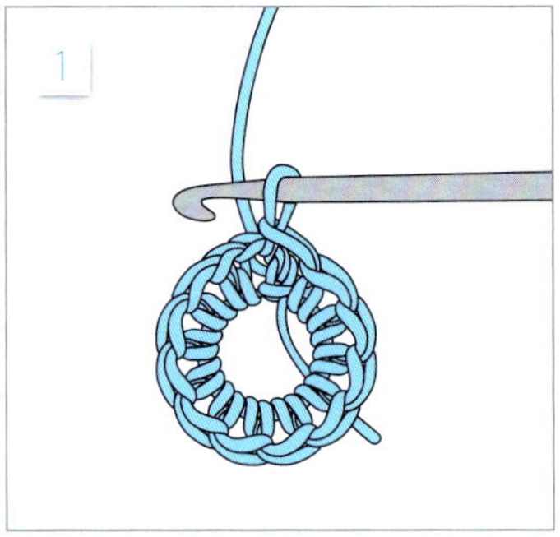

In eine Luftmasche oder wie hier in einen Fadenring die gewünschte Anzahl an festen Maschen häkeln. Dann die Runde mit einer Kettmasche in die 1. feste Masche schließen.

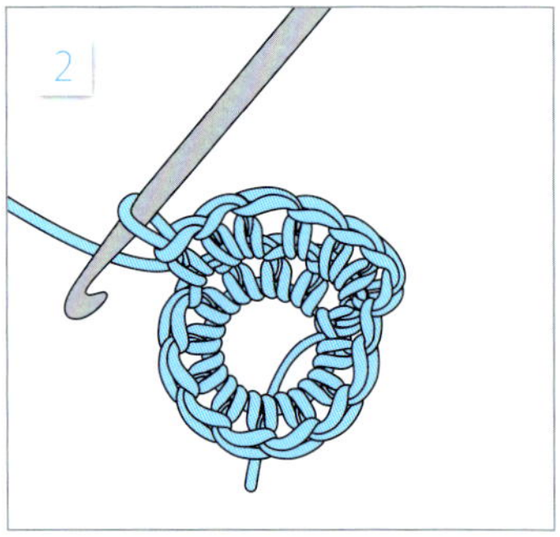

Jede Runde mit der für die Maschenart entsprechende Anzahl an Luftmaschen beginnen. Pro Runde gemäß Anleitung zunehmen.

In Spiralrunden häkeln

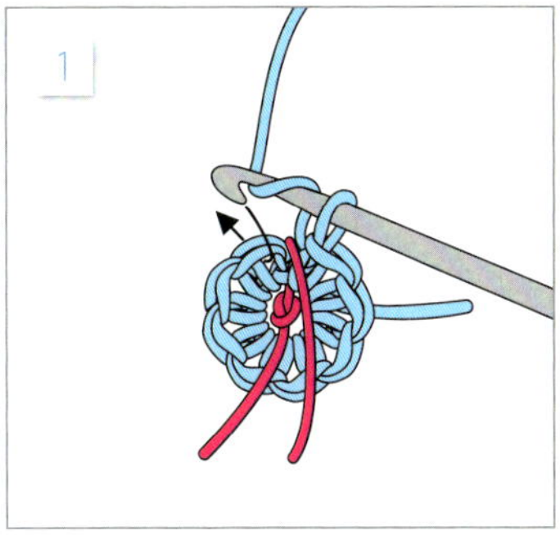

In eine Luftmasche oder wie hier in einen Fadenring die gewünschte Anzahl an Maschen (hier feste Maschen) arbeiten. Die Runde nicht mit einer Kettmasche schließen, sondern direkt in die 1. feste Masche der 1. Runde einstechen. Den Rundenanfang mit einem kontrastfarbigen Faden markieren.

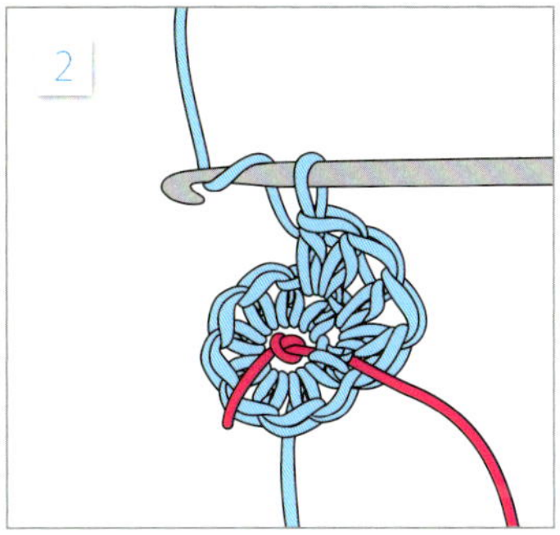

Gemäß Anleitung in die 2. Runde häkeln: Hier werden z. B. 2 halbe Stäbchen in jede Masche der Vorrunde gearbeitet.

Farbwechsel

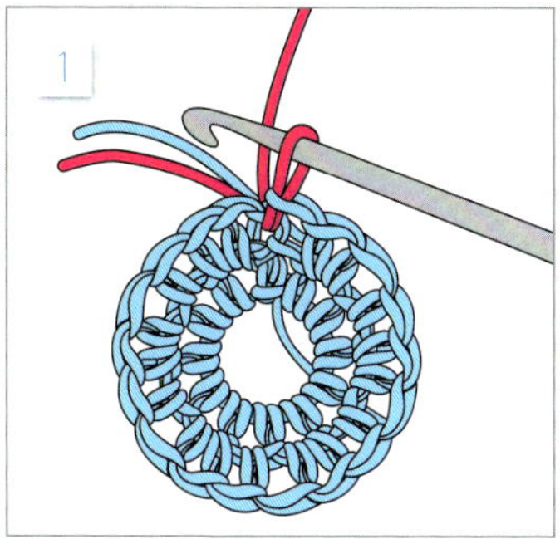

Bereits die letzte Masche der Vorrunde (hier die Kettmasche zum Rundenabschluss) in der neuen Farbe abmaschen. Beim Farbwechsel innerhalb einer Runde/Reihe die letzte Masche der vorhergehenden Farbe mit der neuen Farbe abmaschen.

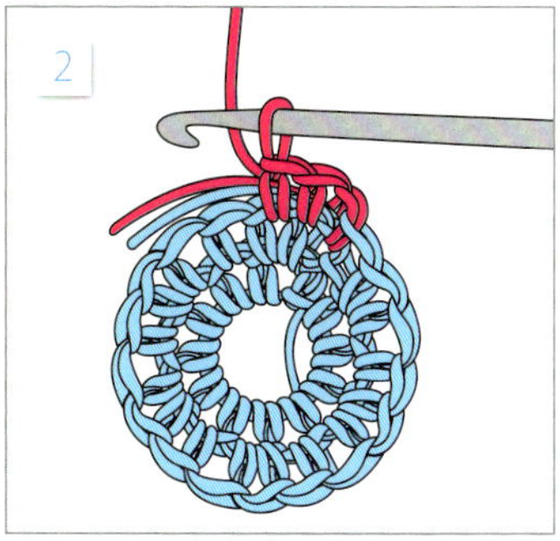

Beide Fadenenden auf etwa 5 cm zurückschneiden und auf die Maschenglieder der Vorreihe legen. Die folgenden 4–5 Maschen über die Fadenenden der Vorreihe arbeiten. Die Enden werden in der Masche versteckt.

Knopflöcher

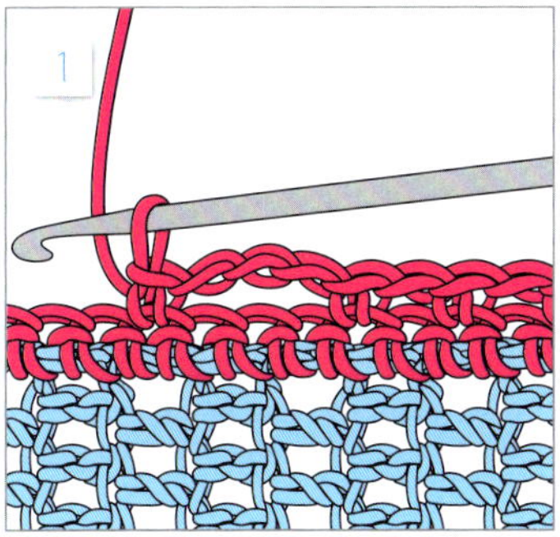

Für ein Knopfloch jeweils 3 Maschen der Vorreihe mit 3 Luftmaschen übergehen. Je nach Knopfgröße können es auch nur 1 oder 2 Maschen sein.

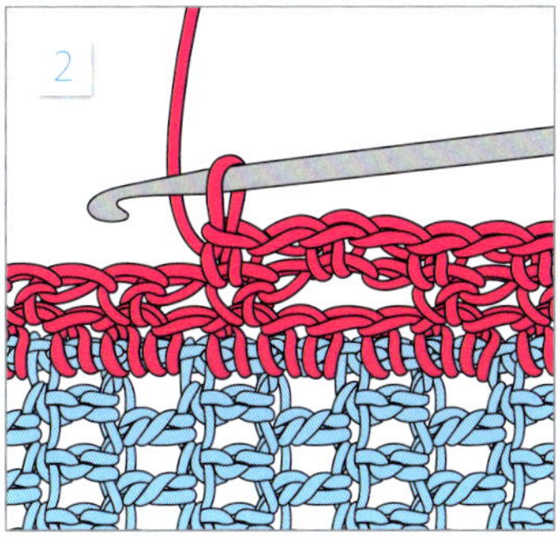

In der folgenden Reihe diese Luftmaschen mustergemäß behäkeln.

Häkelnaht mit festen Maschen

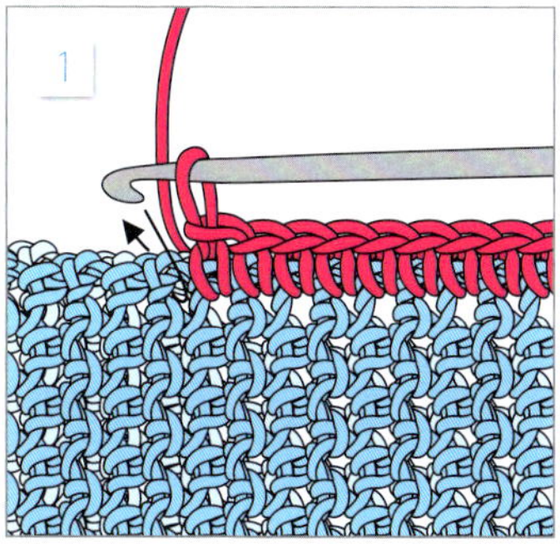

Häkelteile exakt aufeinanderlegen und mit 1 Reihe feste Maschen verbinden. Es wird jeweils durch beide Teile gestochen.

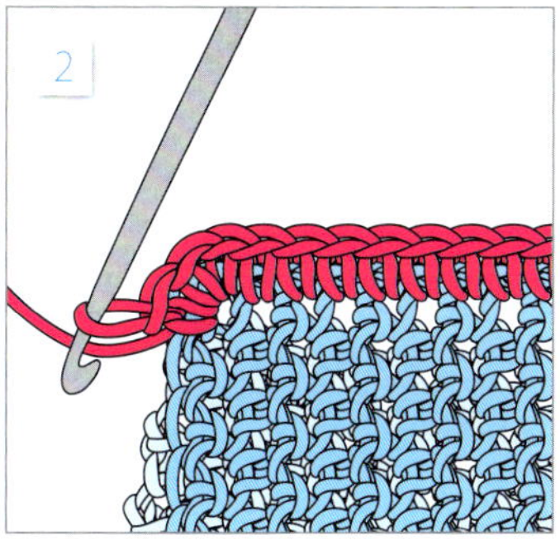

An den Ecken in die letzte Einstichstelle vor der Ecke mehrmals einstechen, damit sich die Naht gleichmäßig um die Ecke legt. Meist werden 3 Maschen in die Eckmasche gearbeitet und dann die nächste Kante behäkelt.

Grundkurs Stricken

Maschenanschlag

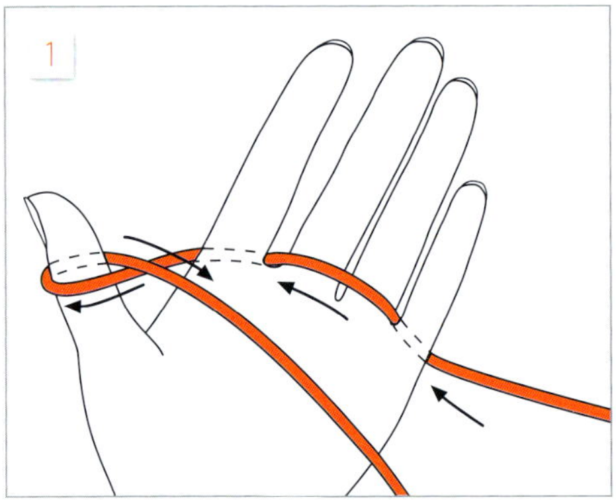

Das Fadenende zwischen kleinem und Ringfinger von außen nach innen führen, zwischen Mittel- und Zeigefinger nach außen holen und von vorne um den Daumen legen.

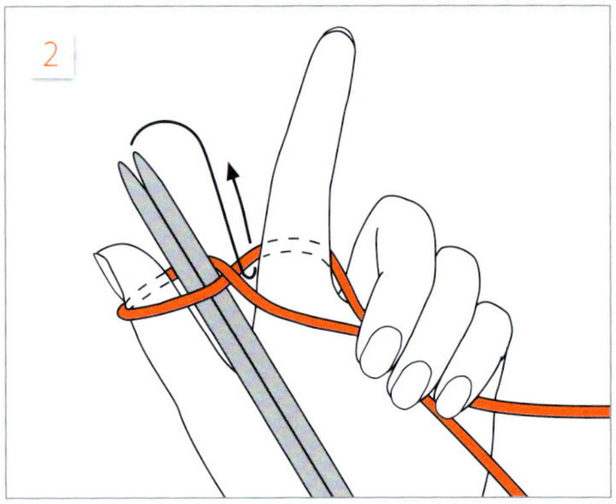

Mit 2 Nadeln die Daumenschlinge erfassen. Dann mit den Nadeln die Zeigefingerschlinge des Fadens erfassen. Die Zeigefingerschlinge durch die Daumenschlinge holen.

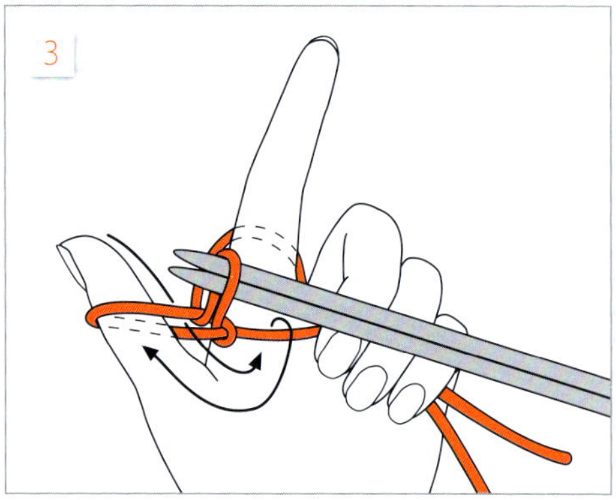

Den Daumen aus der Schlinge ziehen, unter den vorderen Faden führen und mit dem Daumen die Schlinge festziehen. Die 2. Nadel nach gewünschter Maschenzahl herausziehen.

Rechte Masche

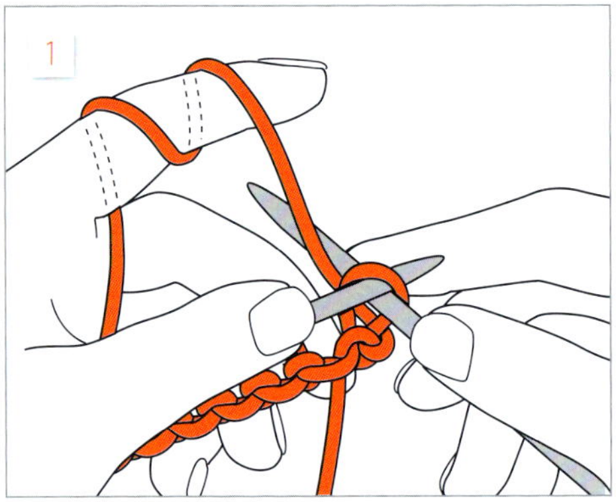

Die Nadel mit den Maschen in die linke Hand nehmen. Der Faden liegt hinter der linken Nadel. Mit der rechten Nadel von rechts nach links in die Masche einstechen.

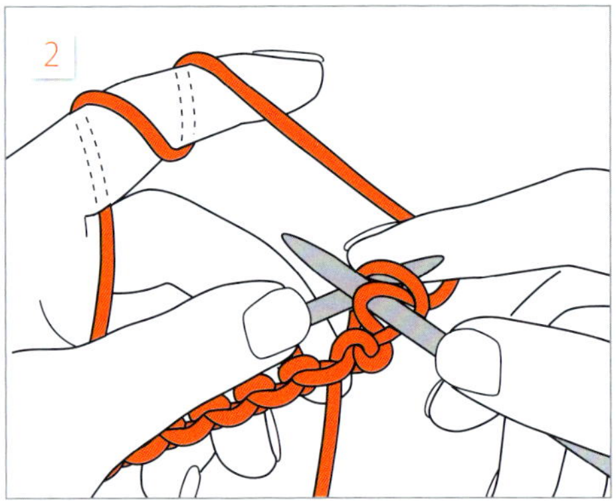

Dann den Faden mit der rechten Nadel fassen und durch die Masche ziehen. Anschließend die Masche der Vorreihe von der linken Nadel gleiten lassen.

Linke Masche

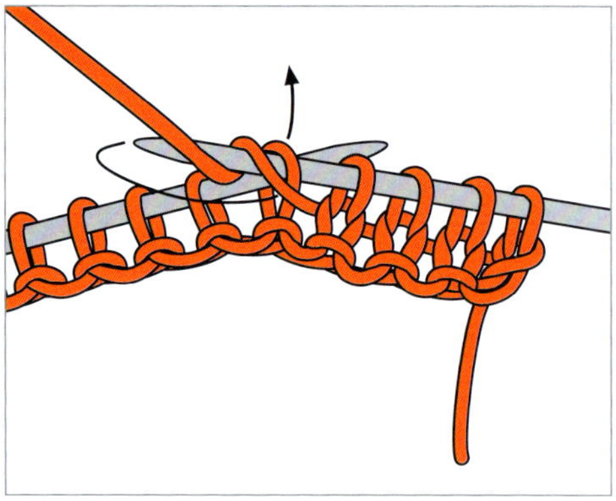

Den Faden vor die Arbeit legen und von rechts nach links in die Masche einstechen. Den Faden mit der Nadel fassen und durch die Masche holen. Die Masche der Vorreihe von der linken Nadel gleiten lassen.

Maschen rechts zusammenstricken

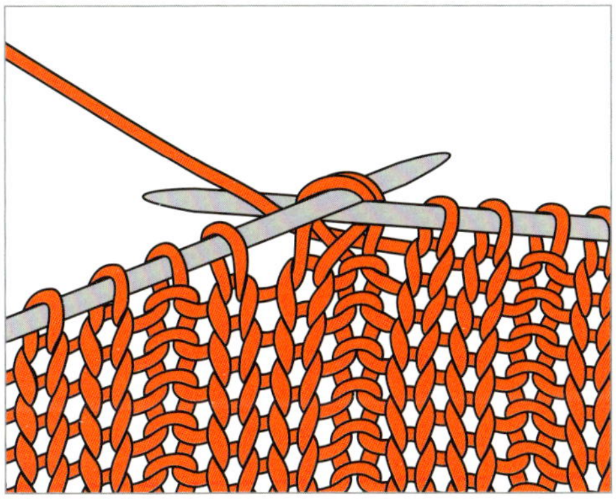

Den Faden hinter die Arbeit legen. Mit der rechten Nadel von links nach rechts durch beide Maschen stechen, den Faden durchholen. Die Maschen von der linken Nadel gleiten lassen.

Maschen links zusammenstricken

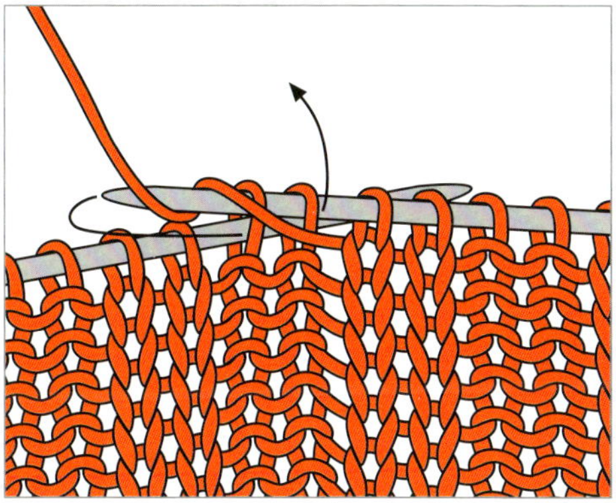

Wie bei einer linken Masche liegt der Faden vor der linken Nadel. Von rechts nach links durch beide Maschen stechen, den Faden durchholen und die Maschen von der linken Nadel gleiten lassen.

Einfacher Überzug

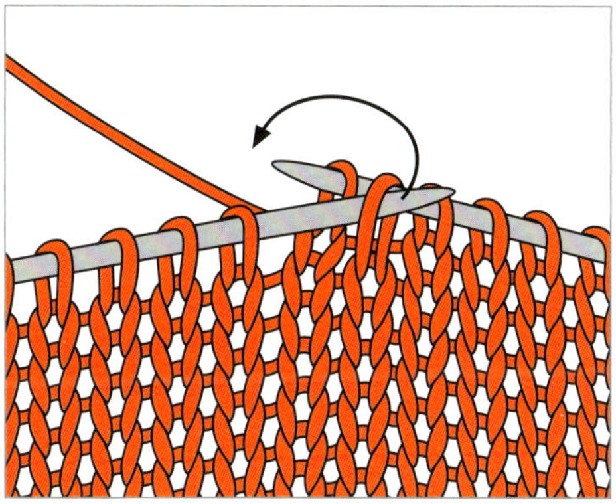

Maschen rechts überzogen zusammenstricken: 1 Masche wie zum Rechtsstricken abheben, die folgende Masche rechts stricken und die abgehobene Masche darüberziehen.

Rechts verschränkte Zunahme (aus dem Querfaden)

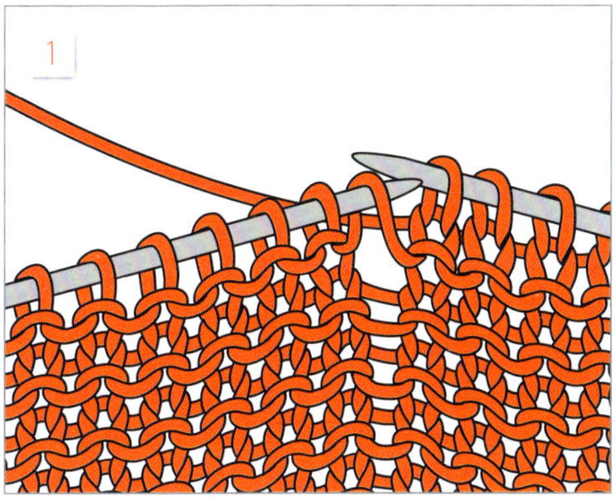

Den Querfaden zwischen 2 Maschen mit der linken Nadel von vorn nach hinten aufnehmen.

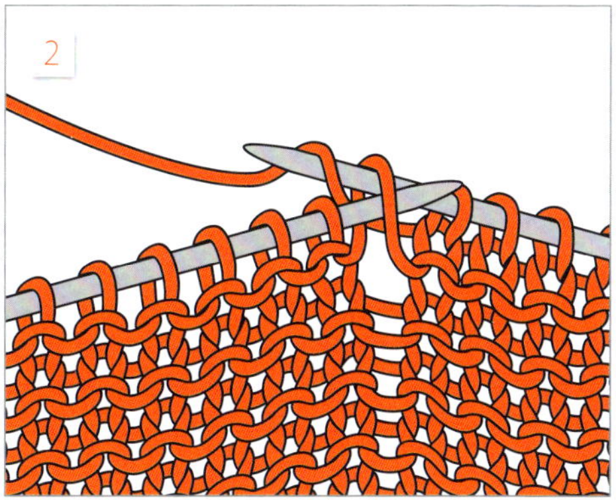

Der Arbeitsfaden liegt hinten. In den hinteren Schlingenteil einstechen. Faden durchholen.

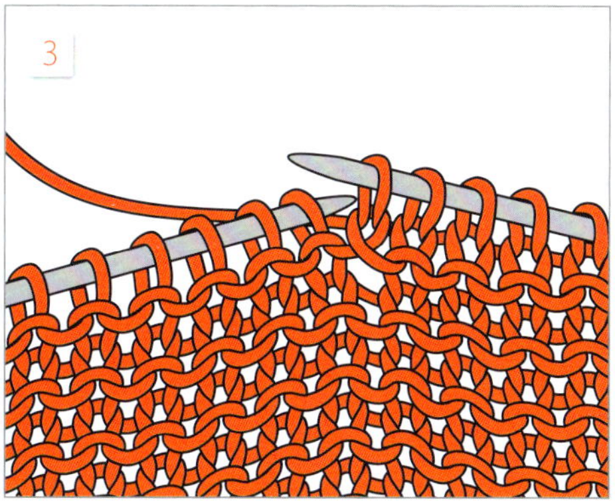

Den aufgenommenen Querfaden von der linken Nadel gleiten lassen. Eine zusätzliche Masche ist entstanden.

Rundstricken mit dem Nadelspiel

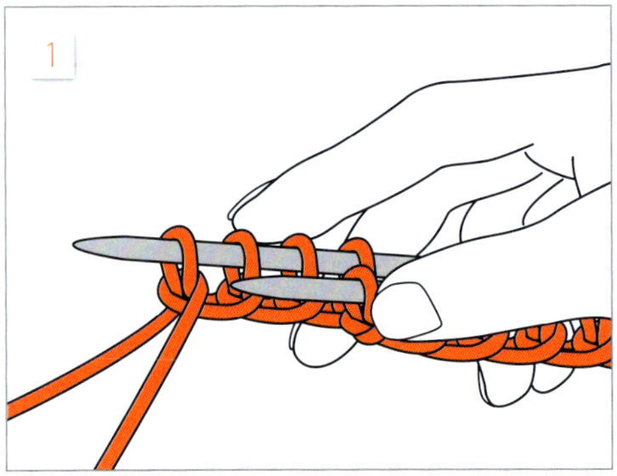

Die Maschen auf 4 Nadeln verteilt anschlagen. Nach dem Anschlag auf der 1. Nadel, die 2. mit vorstehender Spitze parallel darüberhalten. Auf diese Weise weiter Maschen anschlagen.

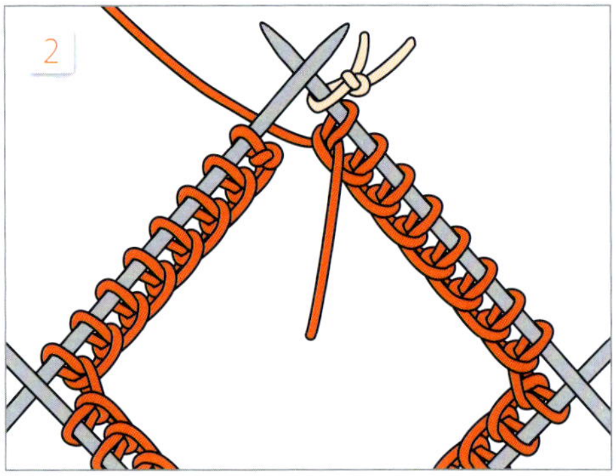

Die Nadeln zum Quadrat legen, die Maschen dabei nicht verdrehen, die unteren Kanten aller Maschen weisen nach unten. Am Rundenanfang eine Markierung (z. B. einen Kontrastfaden) anbringen.

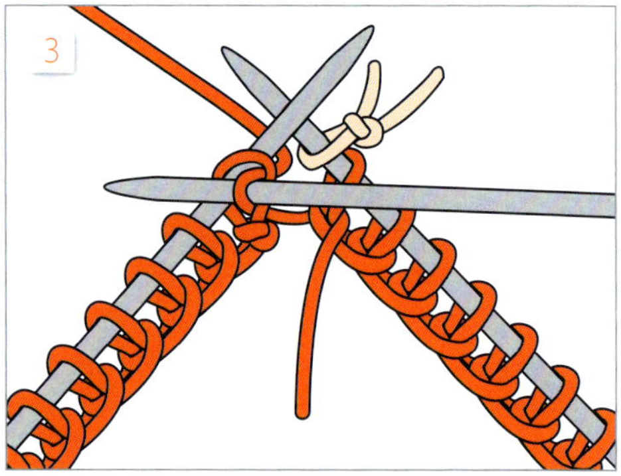

Mit der 5. Nadel die 1. Anschlagmasche stricken, den Faden fest anziehen, damit sich die Runde ohne Lücke schließt. Alle Maschen stricken, bis die ganze Runde gestrickt ist.

Abketten

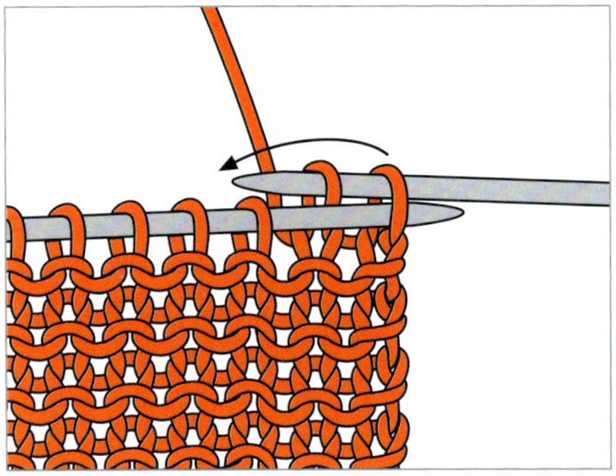

2 Maschen stricken. Dann mit der linken Nadel in die 1. Masche einstechen, diese über die 2. Masche legen und mit der rechten Nadel die 2. durch die 1. Masche ziehen. Fortlaufend die nächste Masche stricken und die vorhergehende darüberziehen.

Matratzenstich

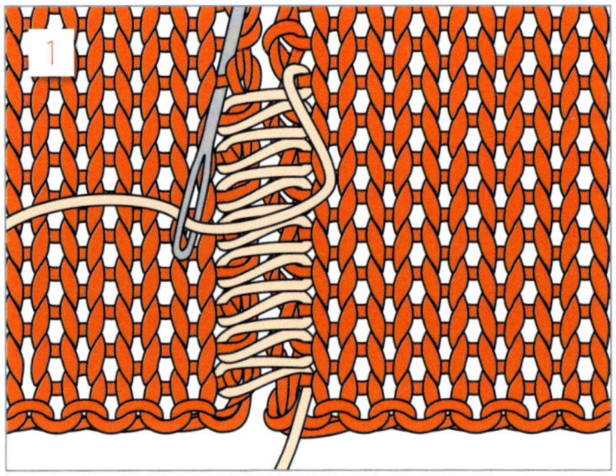

Die Naht wird auf der Vorderseite gearbeitet. Die Teile parallel nebeneinanderlegen. Abwechselnd jeweils auf beiden Seiten den Querfaden zwischen 1. und 2. Masche erfassen, Faden durchziehen.

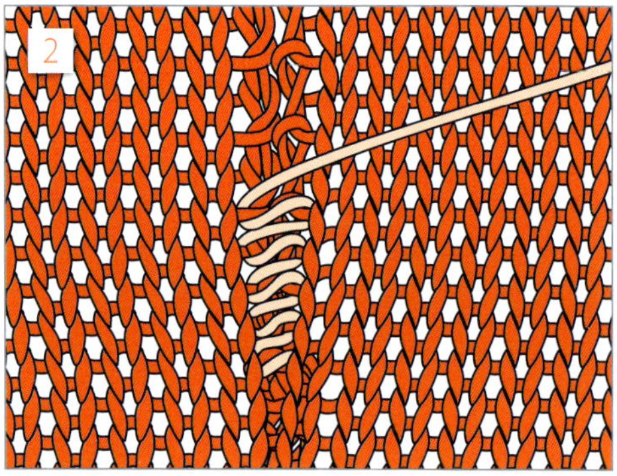

Nach ca. 2 cm den Arbeitsfaden anziehen, damit sich die Strickteile übergangslos aneinanderfügen.

Grundkurs Sticken

Spannstich/Plattstich

Ein Stück Faden wird auf der Oberseite des Gestricks gespannt: von hinten ausstechen und nach gewünschter Stichlänge wieder einstechen. Wird der Spannstich ausgeführt, um eine Fläche zu füllen (sogenannter Plattstich), verlaufen die Stiche parallel zueinander.

Maschenstich

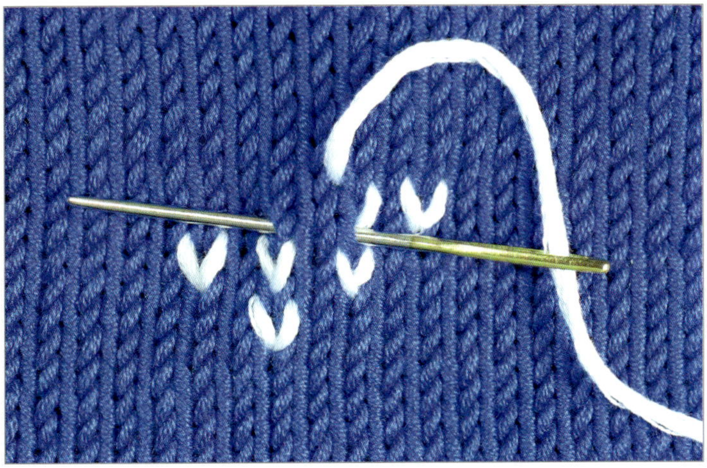

Der Stich zeichnet die V-Form einer rechten Masche nach: von hinten an der Spitze des „V" nach vorne ausstechen und am oberen rechten Ende der Masche zurückstechen. Am linken oberen Ende der Masche wieder nach vorne ausstechen, an der Spitze des „V" wieder einstechen.

Kettenstich

Von hinten nach vorne ausstechen, den Faden zur Schlinge legen, in die Ausstichstelle einstechen und innerhalb der Fadenschlinge wieder nach vorne ausstechen, dabei den Faden fest anziehen. Mehrere Stiche so zu einer Kette aneinanderreihen.

Knötchenstich

Beim Knötchenstich von hinten nach vorne stechen. Den Faden mit dem Daumen festhalten und eng an der Ausstichstelle 2-mal um die Nadel wickeln. Dicht neben der Ausstichstelle wieder einstechen, die Nadel durchziehen, den Faden festziehen.

Impressum

Entwürfe und Realisation: Sabine Abel Seite 29–31; Maria-Regina und Michael Altmeyer Seite 40/41, 48–53, 56–61, 70–73; Rosemarie Krafthöfer Seite 7; Elke Reith Seite 26–28; Dagmar Scholz Seite 19, 33; Dana Schuhknecht Seite 8/9, 12–17, 20–25, 34–39, 42–47, 54/55, 62–69, 74–83; Käte Stödter (für Schoeller und Stahl) Seite 11.

Fotos: Fotostudio Annette Hempfling Seite 26–31, 40/41, 48–53, 56–61, 70–73; Christine Rosinski Seite 7, 19, 33; Team Anne Schulz Seite 11; Uzwei Fotodesign Uli Glasemann Seite 9, 12–17, 20–25, 34–39, 42–47, 54/55, 62–69, 74–83.

Styling: Fotostudio Sieglinde Enz-Kussmaul Seite 11; Annette Hempfling Seite 26–31, 40/41, 48–53, 56–61, 70–73; Jaqueline Mahnk Seite 7, 19, 33; Elke Reith Seite 9, 12–17, 20–25, 34–39, 42–47, 54/55, 62–69, 74–83.

Technische Zeichnungen: Annette Aue/Antje Gref Seite 84 oben rechts, 85; Carsten Bachmann Seite 22, 36, 76, 84 links, 90–93; Brigitte Fischer Seite 86–89; Martina Zeller Seite 84 unten rechts.

Satz und Umschlaggestaltung: GrafikwerkFreiburg
Repro: RTK & SRS mediagroup GmbH
Druck und Verarbeitung: Polygraf Print, Slowakei

ISBN 978-3-8289-8014-3

Genehmigte Sonderausgabe
für Weltbild Retail GmbH & Co. KG,
Steinerne Furt 68–72, 86167 Augsburg

Einkaufen im Internet: www.weltbild.de

Abkürzungen

DStb	Doppelstäbchen
fM	feste Masche(n)
hStb	halbe Stäbchen
Kettm	Kettmasche(n)
Lftm	Luftmasche(n)
LL	Lauflänge
M	Masche(n)
R	Reihe(n)
Rd	Runde(n)
Stb	Stäbchen
Vor-R	Vorreihe
Vor-Rd	Vorrunde
[ ]	Anweisungen in eckigen Klammern (1 oder mehrere Maschen) in dieselbe Einstichstelle arbeiten.
*	Die Arbeitsschritte nach dem Sternchen oder zwischen zwei Sternchen so oft wie angegeben wiederholen.